IA para Educação Teológica

IA para Educação Teológica

sob a supervisão de
Thomas E. Phillips

Essenciais Teológicos

©Digital Theological Library 2025
©Biblioteca Teológica Digital 2025

Library of Congress Cataloging-in-Publication Data Dados de
Catalogação na Publicação da Biblioteca do Congresso del Congreso

Thomas E. Phillips (criador).
[AI for Theological Education/ Thomas E. Phillips]
IA para Educação Teológica / Thomas E. Phillips

124 + xiii pp. cm. 12.7 x 20.32

ISBN 979-8-89731-156-9 (imprimir livro)
ISBN 979-8-89731-148-4 (livro eletrônico)
ISBN 979-8-89731-146-0 (Kindle)
        1. Educação teológica — Inovações tecnológicas
        2. Educação religiosa — Inovações tecnológicas
        3. Seminários — Currículos — Inovações tecnológicas
BV4019 .P55 2025p

Este livro está disponível em vários idiomas em
www.DTLPress.com

Imagem da Capa: Revisão gerada por IA da pintura de
Michelangelo representando Deus estendendo a mão para Adão.
Crédito da Foto: Equipe da DTL, usando inteligência artificial (IA)

Sumário

Prefácio da série

A Inteligência Artificial (IA) está mudando tudo, incluindo a bolsa de estudos e a educação teológica. Esta série, *Livros Essenciais Teológicos* (Theological Essentials), foi criada para trazer o potencial criativo da IA para o campo da educação teológica. No modelo tradicional, um acadêmico com domínio do discurso acadêmico e um histórico de ensino bem-sucedido em sala de aula gastaria vários meses — ou até mesmo vários anos — escrevendo, revisando e reescrevendo um texto introdutório que seria então transferido para uma editora que também investia meses ou anos em processos de produção. Embora o produto final fosse tipicamente bastante previsível, esse processo lento e caro fez com que os preços dos livros didáticos disparassem. Como resultado, os alunos em países desenvolvidos pagaram mais do que deveriam pelos livros e os alunos em países em desenvolvimento normalmente não tinham acesso a esses livros didáticos (de custo proibitivo) até que eles aparecessem como descartes e doações décadas depois. Em gerações anteriores, a necessidade de garantia de qualidade — na forma de geração de conteúdo, revisão especializada, edição de texto e tempo de impressão — pode ter tornado essa abordagem lenta, cara e excludente inevitável. No entanto, a IA está mudando tudo.

Esta série é muito diferente; é criado por IA. A capa de cada volume identifica o trabalho como "criado sob a supervisão de" um especialista na área. No entanto, essa pessoa não é um autor no sentido tradicional. O criador de cada volume foi treinado pela equipe da DTL no uso de IA e o criador usou IA para criar, editar, revisar e recriar o texto que você vê. Com esse processo de criação claramente identificado, deixe-me explicar os objetivos desta série.

Nossos objetivos:

Credibilidade: Embora a IA tenha feito — e continue a fazer — grandes avanços nos últimos anos, nenhuma IA não supervisionada pode criar um texto de nível universitário ou de seminário verdadeiramente confiável ou totalmente confiável. As limitações do conteúdo gerado por IA às vezes se originam das limitações do próprio conteúdo (o conjunto de treinamento pode ser inadequado), mas, mais frequentemente, a insatisfação do usuário com o conteúdo gerado por IA surge de erros humanos associados à engenharia de prompts ruim. A DTL Press procurou superar esses dois problemas contratando acadêmicos estabelecidos com experiência amplamente reconhecida para criar livros em suas áreas de especialização e treinando esses acadêmicos e especialistas em engenharia de prompts de IA. Para ser claro, o acadêmico cujo nome aparece na capa desta obra criou este volume — gerando, lendo, regenerando, relendo e revisando a obra. Embora a obra tenha sido gerada (em vários graus) por IA, os nomes de nossos criadores acadêmicos aparecem na capa como uma garantia de que o conteúdo é igualmente confiável com qualquer trabalho introdutório que esse acadêmico/criador escreveria usando o modelo tradicional.

Acessibilidade: A DTL Press está comprometida com a ideia de que a acessibilidade não deve ser uma barreira ao conhecimento. Todas as pessoas são igualmente merecedoras do direito de saber e entender. Portanto, versões em e-book de todos os livros da DTL Press estão disponíveis nas bibliotecas da DTL sem custo e disponíveis como livros impressos por uma taxa nominal. Nossos acadêmicos/criadores devem ser agradecidos por sua disposição de abrir mão dos acordos tradicionais de royalties. (Nossos criadores são compensados por seu trabalho generativo, mas não recebem royalties no sentido tradicional.)

Acessibilidade: A DTL Press gostaria de disponibilizar livros didáticos introdutórios de alta qualidade e baixo custo para todos, em qualquer lugar do mundo. Os livros desta série são imediatamente disponibilizados em vários idiomas. A DTL Press criará traduções em outros idiomas mediante solicitação. As traduções são, é claro, geradas por IA.

Nossas limitações reconhecidas:

Alguns leitores estão, sem dúvida, pensando, "mas a IA só pode produzir bolsa de estudos derivada; a IA não pode criar bolsa de estudos original e inovadora." Essa crítica é, é claro, em grande parte precisa. A IA é amplamente limitada a agregar, organizar e reembalar ideias pré-existentes (embora às vezes de maneiras que podem ser usadas para acelerar e refinar a produção de bolsa de estudos original). Ainda reconhecendo essa limitação inerente da IA, a DTL Press ofereceria dois comentários: (1) Textos introdutórios raramente são pensados para serem verdadeiramente inovadores em sua originalidade e (2) a DTL Press tem outras séries dedicadas à publicação de estudos originais com autoria tradicional.

Nosso convite:

A DTL Press gostaria de reformular fundamentalmente a publicação acadêmica no mundo teológico para tornar a bolsa de estudos mais acessível e mais acessível de duas maneiras. Primeiro, gostaríamos de gerar textos introdutórios em todas as áreas do discurso teológico, para que ninguém seja forçado a "comprar um livro didático" em qualquer idioma. Nossa visão é que professores em qualquer lugar possam usar um livro, dois livros ou um conjunto inteiro de livros desta série como livros didáticos introdutórios para suas aulas. Segundo, também gostaríamos de publicar monografias acadêmicas de autoria tradicional para distribuição de acesso aberto (gratuita) para um público acadêmico avançado.

Finalmente, a DTL Press não é confessional e publicará obras em qualquer área de estudos religiosos. Livros de autoria tradicional são revisados por pares; a criação de livros introdutórios gerados por IA está aberta a qualquer pessoa com a experiência necessária para supervisionar a geração de conteúdo nessa área do discurso. Se você compartilha o compromisso da DTL Press com credibilidade, acessibilidade e preço acessível, entre em contato conosco sobre mudar o mundo da publicação teológica contribuindo para esta série ou uma série de autoria mais tradicional.

Com grandes expectativas
Thomas E. Phillips
Diretor Executivo da DTL Press

www.DTLPress.com
www.thedtl.org

Prefácio do Autor

A IA está mudando tudo, até mesmo as ecologias incrivelmente resistentes à mudança do ensino superior e da educação teológica. Embora eu não possua nem a visão divinamente inspirada de um profeta sobre o futuro, nem a perspectiva privilegiada de um tecnólogo sobre o próximo grande acontecimento, creio que ocupo uma posição que me permitirá oferecer conselhos limitados sobre IA ao educador teológico curioso, mas em grande parte não iniciado.

Em resumo, escrevendo no estilo da "fala do tolo" de Paulo em 2 Coríntios, embora reconheça plenamente os limites da minha própria compreensão e habilidades, possuo mais do que uma experiência de iniciante nas duas áreas de discurso abordadas neste pequeno livro. Por um lado, passei as últimas 3 décadas na educação teológica, incluindo duas décadas como professor e estudioso do Novo Testamento e outra década inteira como diretor executivo da Biblioteca Teológica Digital. Sou doutor em Novo Testamento (SMU, 1998) e publiquei amplamente em estudos bíblicos. Por outro lado, tenho mestrado em Sistemas de Informação (Drexel, 2012) e tenho me envolvido profundamente com muitos líderes globais em tecnologias da informação nos últimos anos. Isso encerra o discurso tolo.

Portanto, ofereço este livro a educadores teológicos como alguém que tem um pé na educação teológica e talvez outro no mundo da tecnologia. Ofereço este trabalho como um conselho de um novato para iniciantes. Eis o que espero alcançar com este livro:

* Explicar o que é IA e como ela funciona;

* Explicar como acadêmicos e instituições acadêmicas de ponta estão empregando IA para promover suas missões e trabalho;

* Discutir algumas das questões filosóficas, éticas e teológicas associadas à existência e ao uso da IA; e

* Fornecer alguma orientação prática sobre o uso da IA.

Reconheço prontamente que grande parte do livro — particularmente as discussões mais técnicas — foi composta com grande auxílio da IA (embora eu seja totalmente responsável por cada palavra neste livro). Muitos leitores acharão algumas seções do livro — particularmente alguns dos capítulos iniciais sobre a tecnologia da IA — um tanto etéreas (talvez completamente desconcertantes) ou até mesmo entediantes. Os leitores que se pegarem divagando ao ler esses capítulos iniciais são convidados a pular para as partes posteriores, mais práticas e utilitárias. Alguns leitores acreditarão que eu "enterrei a pista" — ou pelo menos adiei a entrega aos leitores do que eles mais precisam — até o final do livro. Só posso testemunhar que, no meu caso, meu uso da IA despertou um desejo cada vez maior de entender como essa coisa funciona de forma tão eficaz. Então, minha crescente compreensão da IA alimentou um aumento correspondente em meu desejo de dominar o uso dessa tecnologia incrível. Quanto mais uso IA, mais quero entender a IA. Quanto mais entendo a IA, mais quero usar a IA.

Por fim, permita-me complementar este testemunho pessoal dizendo que a missão da Biblioteca Teológica Digital (DTL), que tenho o privilégio de liderar, é ajudar todos a se engajarem na reflexão autocrítica sobre sua própria fé e no diálogo humilde com aqueles de outras tradições. Se você compartilha o respeito por esta missão, estou modestamente confiante — e bastante esperançoso — de que você achará este livro útil. Estou extremamente confiante de que você achará a IA útil.

Thomas E. Phillips
(Autoria tradicional)

Introdução
Por que ler este livro agora?

A inteligência artificial não é mais um tema restrito aos departamentos de ciência da computação ou aos think tanks do Vale do Silício. Ela entrou nos corredores das nossas salas de aula, nas rotinas das nossas pesquisas e nas políticas das nossas instituições. Para educadores e administradores que trabalham em contextos acadêmicos com base espiritual, esse surgimento levanta questões vitais — não apenas sobre como usamos a IA, mas sobre quem estamos nos tornando em sua presença.

Este livro foi escrito para aqueles comprometidos com a formação de pessoas e comunidades por meio da educação fundamentada em valores espirituais. Seja sua instituição religiosa, inter-religiosa ou baseada em compromissos mais amplos com a dignidade humana e a investigação ética, você provavelmente já está enfrentando as oportunidades e tensões que a IA apresenta.

Você não precisa ser um tecnólogo para se beneficiar deste trabalho. Se você se importa com uma educação que nutre a pessoa como um todo — intelecto, caráter e espírito —, então este guia é para você. Seja você um entusiasta da inovação ou um cauteloso com a disrupção, minha esperança é que estes capítulos o preparem para responder com clareza, sabedoria e propósito.

Estamos em uma encruzilhada cultural, onde as tecnologias digitais e a investigação espiritual precisam dialogar de novas maneiras. Que este livro sirva de companheiro nesse caminho compartilhado.

Parte I
Compreendendo a Inteligência Artificial

Capítulo 1
O que é IA e como ela funciona?

A Inteligência Artificial (IA) rapidamente deixou de ser apenas uma margem do desenvolvimento tecnológico e se tornou o centro da experiência cotidiana. Antes domínio da ficção especulativa ou de laboratórios de pesquisa especializados, a IA agora permeia as estruturas de educação, comunicação, governança e interação social. Em instituições educacionais moldadas por valores e compromissos espirituais — sejam eles enraizados em tradições religiosas específicas ou, mais amplamente, em práticas de construção de significado, discernimento e formação — essa mudança traz implicações profundas. *A IA não é apenas uma ferramenta; é um fenômeno complexo que remodela as práticas e os propósitos da aprendizagem.* Ela afeta a forma como ensinamos, como avaliamos, como pesquisamos e até mesmo como imaginamos a mente humana e sua relação com a tecnologia.

Para iniciar esta exploração, é necessário oferecer uma explicação clara e acessível do que é IA e como ela funciona. Embora o campo da IA seja vasto e técnico em muitas de suas dimensões, uma compreensão fundamental pode equipar educadores e líderes institucionais para tomar decisões informadas, reflexivas e eticamente fundamentadas sobre seu uso. Este capítulo fornece essa visão geral, enfatizando a clareza conceitual em detrimento da profundidade técnica.

Inteligência Artificial refere-se, de forma ampla, ao desenvolvimento de sistemas computacionais capazes de executar tarefas tradicionalmente associadas à inteligência humana. Essas tarefas incluem processamento de linguagem, identificação de padrões, reconhecimento de entradas visuais, realização de previsões baseadas em dados e envolvimento em atividades de resolução de problemas. Embora a expressão "inteligência artificial" possa evocar imagens de máquinas sencientes ou robôs semelhantes a humanos, os sistemas de IA contemporâneos não possuem consciência, autoconsciência ou intenção. Em vez disso, simulam aspectos da cognição por meio de modelagem estatística e poder computacional. São ferramentas — embora extraordinariamente poderosas — que podem emular certas formas de aprendizagem, raciocínio e geração de linguagem.

Entre os desenvolvimentos mais significativos no cenário contemporâneo da IA está a ascensão do aprendizado de máquina. O aprendizado de máquina envolve o uso de algoritmos que permitem aos computadores detectar padrões e melhorar seu desempenho em tarefas específicas por meio da exposição a dados. Em vez de seguir um conjunto rígido e pré-programado de instruções, os sistemas de aprendizado de máquina se adaptam com base nas informações que processam. Uma forma específica de aprendizado de máquina — conhecida como aprendizado profundo — depende de redes neurais artificiais, que são vagamente inspiradas na estrutura do cérebro humano. Essas redes consistem em camadas de nós interconectados pelos quais os dados fluem e são transformados, permitindo que o sistema faça previsões ou classificações cada vez mais precisas.

Intimamente relacionado a esse desenvolvimento está o campo do processamento de linguagem natural (PLN), que se concentra em permitir que computadores entendam, interpretem e gerem linguagem humana. O PNL impulsiona uma ampla gama de ferramentas, desde texto preditivo e tradução de idiomas até agentes conversacionais e assistentes de escrita. Um exemplo notável é o modelo de linguagem de grande porte — como a série GPT desenvolvida pela OpenAI — que pode gerar texto coerente e contextualmente responsivo em uma ampla variedade de tópicos. Esses modelos generativos tornaram-se particularmente influentes em contextos educacionais, onde são usados para criação de conteúdo, ensino de idiomas, suporte à escrita e tarefas administrativas.

Embora a IA seja frequentemente imaginada de forma abstrata, ela já está profundamente enraizada nas práticas educacionais cotidianas. Muitos sistemas de gestão da aprendizagem dependem da IA para personalizar as experiências dos alunos, automatizar a avaliação ou identificar alunos em risco. Aplicativos baseados em IA auxiliam na detecção de plágio, no suporte à acessibilidade (como ferramentas de transcrição ou conversão de texto em fala) e na previsão administrativa. Em contextos mais experimentais, educadores estão usando a IA para cocriar programas de estudo, gerar listas de leitura e até mesmo simular diálogos em sala de aula. Em suma, a IA não é uma inovação distante — ela já está remodelando o cenário educacional, às vezes de forma invisível.

A expansão da IA na vida acadêmica traz consigo entusiasmo e preocupação. Por um lado, essas tecnologias oferecem eficiências, possibilidades criativas e caminhos para inclusão sem precedentes. Elas podem reduzir a carga administrativa, fornecer feedback em tempo real aos alunos e aprimorar o engajamento multilíngue. Por outro lado, a integração da IA levanta sérias questões éticas. Preocupações com vigilância, viés, automação de julgamentos e erosão da interação pessoal são cada vez mais urgentes. Em ambientes educacionais com orientação espiritual, tais preocupações assumem um peso ainda maior, pois se cruzam com questões sobre dignidade humana, autonomia moral e o cultivo da sabedoria.

De uma perspectiva espiritual, a IA também convida à reflexão sobre o que significa ser humano. Se a inteligência pode ser simulada, o que distingue a compreensão autêntica de uma produção padronizada? Qual é o papel da intuição, da empatia e do discernimento — qualidades frequentemente centrais para a formação espiritual — em um contexto em que as máquinas parecem "aprender" e "responder"? Essas questões não são meramente teóricas. Elas moldam a maneira como os educadores estruturam os resultados da aprendizagem, como as instituições definem integridade e como as comunidades de aprendizagem navegam na fronteira entre a inovação tecnológica e a profundidade espiritual.

É essencial reconhecer que os sistemas de IA não são neutros. Eles carregam a marca de seus criadores — suas premissas, valores e vieses culturais. Decisões algorítmicas frequentemente refletem padrões mais amplos de desigualdade e exclusão, mesmo quando operam sob o pretexto de objetividade. Para educadores comprometidos com a investigação espiritual e ética, essa realidade exige não apenas consciência técnica, mas também atenção moral. A IA deve ser examinada não apenas pelo que faz, mas pelo que revela sobre os sistemas e sociedades que a produzem.

Este livro parte da convicção de que a reflexão espiritual e ética deve permanecer central na forma como lidamos com as tecnologias emergentes. O objetivo não é rejeitar a IA, nem adotá-la acriticamente, mas sim cultivar uma postura de engajamento criterioso. Em comunidades educacionais moldadas por valores espirituais — sejam esses valores oriundos de tradições religiosas, práticas contemplativas ou compromissos filosóficos com o desenvolvimento humano — as questões que cercam a IA devem ser abordadas com coragem, clareza e compaixão.

Nos capítulos seguintes, examinaremos aplicações específicas da IA no ensino, na pesquisa, na governança institucional e na reflexão ética. Este capítulo inicial buscou estabelecer as bases conceituais: definir a inteligência artificial, explicar seus mecanismos básicos e começar a articular os desafios envolvidos em seu uso. A IA não é mais opcional. Mas a maneira como escolhemos entendê-la e implementá-la permanece em aberto — e profundamente impactante. Como educadores espiritualmente atentos, somos chamados não apenas a nos adaptar a novas ferramentas, mas a moldar seu uso à luz dos valores que mais prezamos.

Capítulo 2
Como um grande modelo de linguagem é criado
O desenvolvimento e a formação de LLMs

Embora a inteligência artificial seja um campo amplo e em evolução, o desenvolvimento mais transformador que impacta a educação atualmente é o surgimento do Large Language Model, ou LLM. Esses modelos — agora parte integrante de assistentes de escrita, ferramentas educacionais, sistemas de apoio à pesquisa e agentes conversacionais — estão remodelando a forma como os educadores interagem com a linguagem e a informação. Em instituições espiritualmente informadas, onde a investigação intelectual está interligada ao propósito formativo, compreender como os LLMs são criados é essencial para um engajamento responsável.

Um Modelo de Linguagem Grande é um tipo de inteligência artificial treinada para gerar e interpretar a linguagem humana natural. Em essência, ele funciona como um gerador probabilístico de palavras: dado um prompt de texto inicial, o modelo calcula qual palavra (ou fragmento de uma palavra) tem estatisticamente maior probabilidade de ser a próxima, com base em padrões aprendidos a partir de vastas quantidades de dados de treinamento. *O que torna um modelo "grande" é duplo: primeiro, a quantidade e a diversidade de dados de texto que ele processa e, segundo, o número de parâmetros internos — frequentemente na casa dos bilhões — que ele usa para fazer previsões linguísticas.*

O desenvolvimento de um Mestrado em Direito começa com a coleta de enormes conjuntos de dados. Estes normalmente consistem em textos disponíveis publicamente em livros, sites, enciclopédias, mídias sociais, fóruns e recursos educacionais abertos. Em muitos casos, os dados abrangem múltiplos idiomas, gêneros e disciplinas, refletindo a complexidade confusa da expressão humana. No entanto, essa escala também apresenta riscos éticos. Como os dados são extraídos da internet e de outras fontes públicas, podem incluir material tendencioso, ofensivo ou enganoso. Tais limitações não são meramente técnicas — são éticas e epistemológicas, e são profundamente importantes para instituições que fundamentam a educação na responsabilidade espiritual.

Após a compilação de um conjunto de dados, ele é processado por meio de uma série de etapas para prepará-lo para o treinamento. Isso começa com a limpeza — remoção de entradas duplicadas, eliminação de conteúdo irrelevante, correção de texto corrompido e normalização de pontuação e conjuntos de caracteres. O texto é então tokenizado, ou seja, dividido em unidades menores que o modelo pode manipular. Essas unidades, chamadas tokens, são normalmente palavras inteiras, segmentos de subpalavras ou símbolos, dependendo do *design do tokenizador*. Por exemplo, a frase "O espírito inspira o aprendizado" pode ser dividida conforme mostrado na Figura 2.1.

Figura 2.1 — Tokenização de uma frase de exemplo
Frase original: "O espírito inspira o aprendizado."
Tokenizado: "O", "Ġspirit", "Ġinspira", "Ġlearning", "."

Figura 2.1. A tokenização divide uma frase em unidades que o modelo pode compreender. O símbolo "Ġ" (um indicador de espaço na Codificação de Pares de Bytes) mostra onde as palavras começam.

Palavras menos comuns podem ser divididas ainda mais – por exemplo, "inspiração" pode se tornar ["Ġin", "spiração"].

Convertendo Tokens em Números

Uma vez que uma frase tenha sido tokenizada, o modelo ainda não consegue "entender" esses tokens, a menos que eles sejam traduzidos em números. Modelos de aprendizado de máquina processam dados matematicamente, não linguisticamente. Para preencher essa lacuna, cada token é mapeado para um identificador numérico exclusivo usando uma lista de vocabulário predefinida. Esse processo é semelhante a atribuir a cada palavra ou fragmento de palavra um índice em um dicionário muito grande. Por exemplo, o token "The" pode ser mapeado para 4321, "Ġspirit" para 9823 e "." para 7. Esse mapeamento cria uma sequência de entrada de números inteiros que pode ser inserida no modelo.

No entanto, o simples mapeamento de números inteiros não é suficiente. O modelo ainda precisa de uma maneira de entender as relações entre esses números. Para isso, o ID de cada token passa por uma camada de incorporação – uma função matemática que converte o número inteiro em um vetor de alta dimensão. Esses vetores são projetados de forma que palavras semanticamente semelhantes sejam posicionadas próximas umas das outras no espaço vetorial. Por exemplo, as palavras "aprendizagem", "educação" e "estudo" podem acabar agrupadas, mesmo que seus IDs de token originais sejam arbitrários. O espaço de incorporação se torna uma espécie de mapa conceitual, construído a partir de correlações estatísticas nos dados de treinamento.

Por meio dessa transformação, os tokens deixam de ser sequências de texto → para se tornarem números indexados → para se tornarem vetores numéricos. Esses vetores carregam consigo o significado estatístico e contextual de cada token, permitindo que o modelo os compare, pondere e faça previsões probabilísticas sobre quais devem seguir em uma determinada sequência.

A tokenização e a incorporação são etapas fundamentais no processo de aprendizagem. Uma vez concluídas, essas incorporações são passadas para a arquitetura do modelo, que normalmente é baseada no transformador — um projeto de rede neural introduzido em 2017 que permite ao modelo atender a diferentes partes de uma frase simultaneamente. Durante o treinamento, o modelo recebe uma sequência de incorporações de tokens e é encarregado de prever o próximo token nessa sequência. Por exemplo, dada a entrada "O espírito inspira", o modelo tenta adivinhar que "aprendizagem" é a próxima palavra mais provável. Ele faz isso por meio de tentativas repetidas, ajustando gradualmente os parâmetros internos para reduzir seu erro de previsão. Esse processo de otimização, conhecido como gradiente descendente, permite que o modelo melhore suas previsões ao longo do tempo, ajustando como ele pondera vários relacionamentos de tokens.

Esse processo de treinamento é repetido bilhões de vezes utilizando uma infraestrutura computacional poderosa e vastos conjuntos de dados. Ao final dessa fase, conhecida como pré-treinamento, o modelo é capaz de gerar linguagem coerente e contextualmente responsiva em uma ampla variedade de tópicos. No entanto, ainda é um modelo de uso geral nesta fase e ainda não está otimizado para interação ou tarefas específicas.

Para refinar seu desempenho e alinhá-lo mais às expectativas humanas, os desenvolvedores frequentemente aplicam uma segunda fase chamada ajuste fino. Isso pode envolver o treinamento adicional do modelo em conjuntos de dados mais especializados e selecionados, como textos acadêmicos, escritos teológicos ou literatura científica. Em muitos casos, utiliza-se um método conhecido como Aprendizado por Reforço a partir do Feedback Humano (RLHF). Nesse método, avaliadores humanos interagem com o modelo, classificam seus resultados e o orientam em direção a respostas mais úteis, seguras ou adequadas ao contexto. Essa etapa é especialmente importante na educação, onde nuances, tom e clareza são essenciais.

O modelo final é então implantado para os usuários por meio de aplicativos como chatbots, assistentes de escrita, sistemas de busca ou ferramentas incorporadas em ambientes digitais de aprendizagem. Embora possa parecer que "entende" a linguagem ou "conhece" o assunto, é importante lembrar que o modelo carece de consciência, intenção ou percepção espiritual. Não é um ser senciente, nem possui raciocínio moral ou humildade epistêmica. Responde a estímulos simulando a linguagem com base em probabilidade estatística — não por meio de compreensão ou convicção.

Para educadores espiritualmente atentos, essa distinção é crucial. Um Mestrado em Direito pode gerar uma reflexão profunda sobre o amor, a justiça ou a condição humana, mas o faz sem sentimento, crença ou discernimento. Pode imitar a oração ou o argumento teológico sem se envolver em qualquer forma de vida interior ou responsabilidade comunitária. Seu brilhantismo é funcional, não espiritual.

No entanto, essas ferramentas podem ser usadas de forma consciente e ética em ambientes acadêmicos. Elas podem apoiar a comunicação multilíngue, acelerar tarefas administrativas, auxiliar na elaboração de currículos e oferecer novas formas de engajamento estudantil. Contudo, sua integração deve ser pautada por valores espirituais: cuidado com a pessoa como um todo, compromisso com a justiça, discernimento da verdade e humildade diante do mistério.

Este capítulo apresentou o processo pelo qual um Modelo de Linguagem de Grande Porte é desenvolvido — desde a coleta e tokenização massivas de dados, passando pela incorporação, treinamento computacional e ajuste fino guiado por humanos. À medida que avançamos para o próximo capítulo, que examina como a IA está sendo usada atualmente em instituições educacionais ao redor do mundo, essa compreensão fundamental servirá como um guia. Ao desmistificar o funcionamento dos LLMs, os educadores podem avaliar melhor como e quando usá-los e, tão importante quanto, como desafiar e criticar seus limites a serviço de objetivos educacionais e espirituais mais profundos.

Capítulo 3
IA no mundo da educação e do conhecimento

A ascensão da inteligência artificial não é um evento futuro — é uma realidade presente e em aceleração, já incorporada à infraestrutura do ensino superior. De assistentes digitais de avaliação e plataformas de aprendizagem personalizadas a ferramentas de síntese de pesquisa e tutores virtuais, a IA começou a remodelar a forma como o conhecimento é transmitido, avaliado e até mesmo construído. Para educadores, acadêmicos e líderes institucionais que trabalham em ambientes espiritualmente informados, essas mudanças não são meramente logísticas. Elas são filosóficas e formativas, pressionando-nos a reconsiderar como ensinamos, o que valorizamos e como apoiamos alunos e professores em uma era de máquinas inteligentes.

Este capítulo analisa o panorama atual da IA na educação e no meio acadêmico. Identifica áreas de integração, examina os benefícios e as limitações das ferramentas emergentes e começa a articular uma postura espiritualmente fundamentada em relação ao uso da IA em ambientes acadêmicos.

A entrada da IA na academia

A inteligência artificial entrou nos sistemas educacionais por meio de um processo gradual, em grande parte despercebido por muitos fora das áreas de tecnologia educacional e ciência da computação. Sistemas de recomendação em bibliotecas digitais, ferramentas de detecção de plágio, plataformas de aprendizagem adaptativa e assistentes gramaticais como o Grammarly existem há anos, impulsionados pelas primeiras formas de aprendizado de máquina. O que distingue o momento atual não é apenas a sofisticação dessas ferramentas, mas também suas capacidades generativas e interativas. Com o advento de grandes modelos de linguagem (LLMs), como GPT-4, Claude e Gemini, a IA agora é capaz de produzir redações originais, responder a perguntas complexas, corrigir tarefas e se envolver em conversas contínuas. Esses modelos podem simular expertise em diversas disciplinas, oferecendo respostas plausíveis na voz de um teólogo, historiador, filósofo ou cientista.

Muitas instituições adotaram essas ferramentas por meio de plataformas educacionais como Duolingo, Khan Academy e Coursera, que agora incorporam IA para oferecer instruções e feedback personalizados. Algumas universidades começaram a testar a IA como assistentes administrativos, usando chatbots para responder a perguntas comuns, auxiliar na matrícula ou orientar os alunos em processos de auxílio financeiro. Outras estão experimentando a IA para apoiar o desenvolvimento curricular, especialmente para programas online ou híbridos.

Na pesquisa acadêmica, a IA está sendo usada para escanear e sintetizar vastas quantidades de literatura, identificar tendências entre disciplinas, sugerir citações e até mesmo gerar rascunhos iniciais de prosa acadêmica. Embora esses usos ainda estejam em evolução e sejam adotados de forma desigual, eles sinalizam uma transformação mais ampla: a IA está se tornando uma parceira intelectual em tarefas antes reservadas à cognição humana.

Benefícios práticos e oportunidades espirituais

A integração da IA na educação traz benefícios significativos. O principal deles é a eficiência. Ferramentas de IA podem automatizar tarefas demoradas — como correção de notas, transcrição e formatação —, liberando professores e funcionários para um maior engajamento relacional e pedagógico. Para educadores que já enfrentam sobrecargas administrativas e de ensino, essa automação pode ser profundamente libertadora.

Outro grande benefício é a acessibilidade. Ferramentas baseadas em IA podem auxiliar alunos com diferentes necessidades de aprendizagem e origens linguísticas. Legendas automáticas, tradução em tempo real, testes adaptativos e criação de conteúdo multimodal permitem que as instituições alcancem alunos mais diversos com maior flexibilidade e personalização. Especialmente em ambientes educacionais globais e inter-religiosos, essa acessibilidade se alinha aos compromissos espirituais com a inclusão, a equidade e a dignidade humana.

A IA também abre possibilidades criativas. Professores podem gerar novos materiais didáticos rapidamente, simular pontos de vista opostos em debates em sala de aula ou colaborar com os alunos para criticar resumos ou interpretações gerados pela IA. Usadas com sabedoria, essas ferramentas podem aprimorar a aprendizagem ativa e o pensamento crítico — e não substituí-los.

Para instituições com conhecimento espiritual, essas oportunidades levantam a seguinte questão: como a IA pode ser usada não apenas para fornecer conteúdo, mas também para aprofundar a formação? A IA pode auxiliar na criação de estímulos reflexivos, exercícios espirituais ou meditações multilíngues? Poderia apoiar discussões éticas, facilitação de diálogos ou pesquisas sobre tradições espirituais de comunidades sub-representadas?

A promessa da IA, sob essa perspectiva, não é apenas técnica. Ela pode apoiar uma visão mais rica, dialógica e inclusiva da educação — se guiada por valores intencionais e imaginação espiritual.

Riscos, limitações e usos indevidos

Além de seus benefícios, a IA também traz riscos significativos, alguns de natureza técnica, outros éticos ou espirituais.

Uma grande preocupação é o viés. Como os sistemas de IA são treinados com base em dados produzidos por humanos, eles frequentemente herdam os vieses, exclusões e preconceitos inerentes a esses dados. Isso pode levar a distorções nos resultados relacionados a raça, gênero, religião ou visão de mundo cultural. Para educadores e acadêmicos em instituições com raízes espirituais, a adoção acrítica dessas ferramentas pode reforçar sutilmente narrativas injustas ou desequilíbrios epistemológicos.

Outro risco é a desinformação. LLMs geram textos que parecem plausíveis, mas não "sabem" se o que geram é verdadeiro. Eles podem fabricar referências, deturpar argumentos ou inventar detalhes históricos com segurança. Para os alunos — especialmente aqueles que não estão familiarizados com o material — esses erros podem passar despercebidos. Para os docentes, isso significa que qualquer uso de texto gerado por IA deve ser acompanhado por uma rigorosa verificação humana.

De forma mais ampla, existe o perigo da dependência intelectual. Se os alunos se tornarem excessivamente dependentes da IA para resumir textos, concluir leituras ou redigir trabalhos, correm o risco de terceirizar suas faculdades interpretativas e críticas. Isso prejudica não apenas a integridade acadêmica, mas também a formação mais profunda do caráter, do julgamento e da consciência reflexiva — características de uma educação com base espiritual.

Há também uma preocupação mais sutil: a erosão da relacionalidade. A educação, em sua melhor forma, é uma troca humana — um encontro de mentes e corações. A substituição generalizada do feedback do professor, da colaboração entre pares ou do processamento contemplativo pela IA pode fragmentar a natureza holística da aprendizagem. Um aluno pode receber respostas rápidas e fluentes de um tutor de IA, mas essas respostas são desprovidas de empatia, intuição ou presença espiritual.

Em direção a uma postura espiritualmente fundamentada

Como, então, as instituições de orientação espiritual devem responder? A tarefa não é rejeitar a IA de imediato, nem aceitá-la acriticamente. É adotar uma postura de discernimento informado.

Essa postura começa com a conscientização: entender como as ferramentas de IA funcionam, de onde extraem seu conhecimento e quais limitações elas carregam. Os educadores devem estar dispostos a questionar o design dos sistemas que utilizam, a perguntar quais vozes são centralizadas, quais são omitidas e quais epistemologias estão codificadas nos dados. Uma pedagogia espiritualmente fundamentada insiste que os meios importam, não apenas os resultados.

Em segundo lugar, o discernimento envolve políticas. As instituições devem articular diretrizes claras sobre o uso apropriado da IA no ensino, na aprendizagem e no desenvolvimento acadêmico. Essas políticas devem ser moldadas não apenas por preocupações com a honestidade acadêmica, mas também por questões de formação, justiça e bem-estar.

Por fim, uma abordagem espiritualmente fundamentada busca possibilidades dentro de limites. A IA jamais poderá substituir o mentor espiritual, o guia sábio ou a comunidade perspicaz. Mas pode servir como uma ferramenta a serviço deles, fornecendo estrutura, inspiração e novos caminhos para a reflexão. O desafio é integrá-la de maneiras que permaneçam fiéis aos objetivos mais profundos da educação: a busca pela sabedoria, o cultivo da compaixão e a transformação do aluno.

Conclusão

A inteligência artificial é agora uma participante ativa no mundo da educação e do conhecimento. Sua influência já é visível — em fluxos de trabalho, plataformas, sistemas administrativos e ferramentas intelectuais. Para educadores espiritualmente atentos, este não é um momento de pânico, nem de adoção passiva. É um momento de liderança consciente.

Este capítulo ofereceu um panorama de como a IA está sendo utilizada em ambientes educacionais, destacando seus benefícios e riscos. Os capítulos seguintes explorarão domínios específicos onde a IA pode apoiar o ensino, a aprendizagem e a pesquisa com mais detalhes. Ao longo do texto, nossa pergunta norteadora permanece a mesma: como essa tecnologia pode servir à formação de pessoas integrais no contexto da educação espiritual e ética?

Parte II
IA em Teologia
e Trabalho Acadêmico

Capítulo 4
IA para preparação de sala de aula

Na educação espiritualmente formada, o ensino é entendido não apenas como a transferência de informações, mas como uma vocação formativa e relacional. Abrange a investigação intelectual, o discernimento ético e a formação da pessoa como um todo. Embora muita atenção seja dada ao momento da instrução, o trabalho de preparação – desenvolvimento de programas, seleção de leituras, elaboração de tarefas e estruturação de conteúdo – desempenha um papel igualmente essencial. É na preparação que o educador medita sobre o processo de aprendizagem, discernindo a melhor forma de cultivar sabedoria, curiosidade e integridade entre os alunos.

À medida que a inteligência artificial se integra cada vez mais à prática educacional, ela agora entra nesse espaço preparatório. A questão não é simplesmente se tais ferramentas serão utilizadas, mas como serão utilizadas. Especificamente, os educadores devem se perguntar se a IA pode auxiliar de maneiras que aprimorem, em vez de diminuir, as dimensões formativas do ensino. Ela pode servir ao trabalho de design sem prejudicar o discernimento? Pode auxiliar os educadores na elaboração de cursos reflexivos e responsivos, ancorados na tradição espiritual e no rigor ético?

A elaboração de um programa de estudos está entre as formas de trabalho acadêmico mais intensas, tanto intelectual quanto espiritualmente. Não se trata de um roteiro neutro, mas sim de um documento que expressa a filosofia educacional, a orientação teológica e a missão institucional. Em contextos onde as Escrituras, a reflexão teológica e os textos históricos constituem a espinha dorsal do currículo, a elaboração de um programa de estudos frequentemente envolve o equilíbrio entre fontes antigas e aplicações contemporâneas, preocupações doutrinárias com sabedoria prática e crenças fundamentais com investigação crítica.

Ferramentas de IA, especialmente modelos de linguagem de grande porte, podem auxiliar os educadores nesta fase inicial. Dado o título de um curso e um tema geral — como "Perdão e Justiça na Tradição Profética" —, um modelo de linguagem pode gerar um esboço preliminar do curso, sugerir tópicos semanais e propor objetivos de aprendizagem. Também pode recomendar leituras de importantes vozes teológicas, passagens bíblicas importantes e fontes secundárias. Dessa forma, o educador recebe uma estrutura a partir da qual pode construir, revisar e personalizar.

Aplicações mais avançadas envolvem o alinhamento dos resultados de aprendizagem com avaliações apropriadas. Se um resultado desejado for que os alunos "avaliem interpretações contrastantes da expiação em textos eclesiais antigos", a IA pode sugerir comparações escritas, diálogos conduzidos pelos alunos ou estudos de caso em grupo baseados em episódios bíblicos específicos, como a parábola do filho pródigo ou as narrativas da Paixão. Modelos de linguagem também podem produzir rascunhos de rubricas, identificar potenciais desafios e recomendar sequências de tarefas para apoiar a aprendizagem estruturada ao longo de um período letivo.

Além de cursos individuais, a IA pode auxiliar no mapeamento curricular. Um instrutor que revisa um curso sobre ética do Novo Testamento pode inserir uma série de ementas e solicitar ao modelo que identifique sobreposições, sub-representação de determinados temas (por exemplo, pobreza, gênero, escatologia) ou oportunidades de integração com outras disciplinas, como teologia histórica ou cuidado pastoral. Essa assistência pode ser particularmente valiosa para professores iniciantes ou para instituições que realizam revisões curriculares abrangentes.

Apesar dessas facilidades, é essencial enfatizar que um programa de estudos não é um artefato mecânico. É uma expressão de identidade pedagógica. Em muitas instituições com formação espiritual, ele é elaborado à luz da identidade comunitária, da vocação institucional e de uma antropologia teológica que considera os alunos portadores da imagem e do potencial divinos. A IA não consegue captar essa profundidade. Suas sugestões devem ser interpretadas, retrabalhadas e filtradas pelo discernimento, pela tradição e pela visão do educador sobre o que constitui a aprendizagem formativa.

Além dos programas de estudo, os educadores frequentemente precisam preparar materiais para as aulas: esboços, apresentações, apostilas e explorações temáticas. Nesse caso, ferramentas de IA podem fornecer inspiração e estrutura. Por exemplo, um instrutor que prepara uma sessão sobre o Sermão da Montanha pode solicitar que um sistema de IA gere uma visão geral das Bem-Aventuranças, faça comparações com ensinamentos paralelos na literatura profética ou sugira aplicações modernas em relação à justiça, à não violência e à misericórdia. A IA também pode auxiliar na adaptação do material a múltiplos níveis de complexidade. Uma passagem como Romanos 5 pode ser resumida para alunos do primeiro ano de graduação, expandida para cursos avançados de exegese ou traduzida em tópicos de discussão para alunos adultos envolvidos em formação espiritual.

Além disso, a IA pode auxiliar na identificação de tensões teológicas ou desafios interpretativos importantes. Em uma palestra sobre julgamento divino e misericórdia, por exemplo, a IA pode fornecer exemplos de objeções dos alunos, interpretações equivocadas ou analogias contemporâneas que o instrutor possa querer abordar. Também pode sugerir contrapontos bíblicos ou doutrinários — por exemplo, situando a narrativa do dilúvio em Gênesis ao lado das promessas da aliança de Isaías, ou explorando como os temas da justiça retributiva e restaurativa se manifestam em diferentes testamentos.

Ainda assim, essas ferramentas devem ser manuseadas com cautela. Modelos de linguagem não compreendem a gravidade ou a santidade dos materiais que processam. Eles podem confundir figuras, deturpar doutrinas ou recorrer a fontes com distorções sutis, mas significativas. Podem, por exemplo, confundir as representações joaninas e sinóticas de Jesus sem levar em conta a intenção teológica, ou tratar a literatura apocalíptica como meramente simbólica, sem lidar com suas dimensões históricas e escatológicas. É responsabilidade do educador corrigir tais erros, preservar a riqueza e a integridade da tradição ensinada e garantir que o uso da IA não reduza a profundidade espiritual a meros dados.

A IA também pode ser utilizada na criação de tarefas, estímulos para reflexão e exercícios em sala de aula. Por exemplo, um instrutor que ministra um curso sobre teologia paulina pode solicitar à IA que gere estudos de caso que ilustrem dilemas éticos da vida real abordados em 1 Coríntios. Alternativamente, um curso sobre justiça bíblica pode recorrer a cenários gerados pela IA que convidem os alunos a comparar as exigências éticas da Lei com as dos ensinamentos de Jesus. Em um curso de homilética, a IA pode gerar esboços contrastantes de sermões sobre uma única passagem, incentivando os alunos a avaliar a coerência teológica, a fidelidade exegética e a eficácia retórica.

Bem utilizados, esses aplicativos promovem o engajamento e a criatividade. Mas, sem supervisão, correm o risco de banalizar o conteúdo sagrado ou reforçar preconceitos culturais e teológicos. Uma sugestão sobre discipulado, por exemplo, pode gerar material que enfatize temas individualistas em detrimento dos comunitários, ou que reflita apenas uma vertente da interpretação teológica. O papel do instrutor é novamente central: não terceirizar a pedagogia, mas aprofundá-la e contextualizá-la por meio do uso crítico da IA.

Um dos usos mais práticos da IA na fase preparatória é o suporte multilíngue e multimodal. Para instituições com populações estudantis diversas, a IA pode traduzir materiais de curso, resumir leituras complexas ou produzir versões em áudio de palestras. Esses recursos podem tornar os cursos mais acessíveis, reduzir a carga cognitiva e apoiar a pedagogia inclusiva. Por exemplo, um aluno que lê Mateus 25 em uma segunda língua pode se beneficiar de um glossário de termos gerado pela IA, uma visão geral histórica de parábolas escatológicas ou uma linha do tempo visual de temas relacionados. Dessa forma, a IA pode estender a hospitalidade da sala de aula àqueles cujo envolvimento pode ser limitado pela linguagem ou formato.

Ainda assim, o ensino espiritual depende de mais do que clareza. Depende também de profundidade, nuance e ressonância. Ferramentas de tradução podem utilizar mal o vocabulário doutrinário ou ignorar o registro emocional de lamento e louvor.

Resumos simplificados podem não transmitir a força retórica da literatura profética ou epistolar. O educador deve, portanto, atentar não apenas à acessibilidade, mas também à fidelidade — garantindo que o que é compartilhado mantenha a capacidade de desafiar, condenar e transformar.

Em última análise, o uso da IA na preparação para a sala de aula convida a um compromisso renovado com o discernimento. Essas tecnologias não são substitutas para educadores, mas ferramentas que exigem orientação. Seu valor não reside no que podem fazer, mas em quão criteriosamente são usadas. A preparação de um curso continua sendo um ato profundamente humano e espiritual. Envolve reflexão orante, atenção cultural, habilidade pedagógica e imaginação teológica. Sob essa perspectiva, a IA pode servir não como um substituto, mas como um suporte — um recurso para estimular novas ideias, ampliar o alcance e economizar tempo para o trabalho que só o educador pode fazer.

A inteligência artificial pode auxiliar em muitos aspectos da preparação da sala de aula — desde a elaboração de programas e o desenvolvimento de aulas até a criação de tarefas e a acessibilidade linguística. Mas seu uso deve ser moldado pelo compromisso do educador com uma pedagogia reflexiva e espiritualmente fundamentada. A preparação não é meramente uma tarefa técnica. É uma forma de cuidado com o ambiente de aprendizagem, um arranjo para que a sabedoria seja encontrada. Bem utilizada, a IA pode ajudar a preparar a mesa de forma mais completa; mas não pode servir a refeição.

O próximo capítulo passará da preparação para a prática, explorando como a IA pode atuar na dinâmica ativa do ensino e da aprendizagem. Nesse contexto, o desafio também será preservar a integridade da relação educacional e a profundidade da formação, mesmo abrindo espaço para a assistência tecnológica.

Capítulo 5
IA no Ensino e Aprendizagem

O ato de ensinar jamais se reduz à transmissão de conteúdo. É um encontro relacional moldado pela investigação compartilhada, pelo diálogo formativo e pelo cultivo do caráter moral e intelectual. Em ambientes onde o objetivo da educação se estende além da aquisição de conhecimento, incluindo o discernimento espiritual e o desenvolvimento ético, a sala de aula se torna um espaço não apenas de cognição, mas também de transformação. Nesse contexto, o surgimento da inteligência artificial no ambiente real de ensino e aprendizagem levanta questões profundas: como os educadores podem utilizar a IA sem deslocar a dinâmica humana essencial da instrução? Que tipos de aprendizagem a IA promove ou dificulta? E de que maneiras ela pode servir, se devidamente direcionada, aos propósitos mais profundos da formação?

A inteligência artificial agora entra na sala de aula de diversas formas. Modelos de linguagem incorporados em chatbots fornecem aos alunos explicações instantâneas de ideias complexas. Plataformas de aprendizagem adaptativa ajustam o conteúdo em tempo real para corresponder ao desempenho dos alunos. Simulações geradas por IA oferecem estudos de caso imersivos ou reconstruções históricas. Mesmo em ambientes tradicionais, os alunos podem usar ferramentas de IA fora da sala de aula para complementar a leitura, gerar notas de estudo ou redigir reflexões. Esses desenvolvimentos estão remodelando a experiência de aprendizagem em tempo real.

Entre os usos mais difundidos da IA no ensino está sua função como tutora ou parceira de diálogo. Os alunos podem fazer perguntas a um modelo sobre uma passagem bíblica, um debate doutrinário ou uma figura histórica e receber uma resposta relativamente coerente. Um aluno lendo os capítulos iniciais de Gênesis pode perguntar sobre diferentes interpretações das narrativas da criação e receber um resumo distinguindo entre leituras literalistas, poéticas e teológicas. Da mesma forma, um aluno preparando um artigo sobre a visão de Agostinho sobre a graça pode receber um relato sintetizado dos principais temas em *Confissões* e *Sobre a Natureza e a Graça,* juntamente com sugestões para investigação adicional. Para alunos tímidos, inseguros ou novos na linguagem teológica, esse acesso pode fornecer confiança e impulso. Pode permitir uma espécie de ensaio exploratório antes de entrar no espaço mais comunitário e responsável da discussão em sala de aula.

Essa disponibilidade de diálogo responsivo também permite maior flexibilidade. Em cursos assíncronos ou híbridos, ferramentas de IA podem servir como tutores suplementares, oferecendo esclarecimentos ou reformulando materiais complexos. Por exemplo, um aluno com dificuldade para compreender as nuances do argumento de Paulo em Romanos pode pedir a uma IA que simplifique o fluxo de raciocínio nos capítulos 5 a 8. Por sua vez, o modelo pode oferecer uma análise passo a passo do contraste entre a morte em Adão e a vida no Messias, ou entre a lei e a graça, usando metáforas e exemplos apropriados ao contexto do aluno.

No entanto, embora essas interações possam favorecer a compreensão, elas também correm o risco de substituir a fluência mecânica pela profundidade contemplativa. Modelos de linguagem geram textos com base em probabilidades, não em convicção ou compreensão. Eles não conhecem os textos que interpretam. Não rezam os salmos, nem debatem as Bem-Aventuranças. Podem simular uma conversa teológica, mas não podem participar dela. Na educação espiritualmente formada, onde a formação não é apenas intelectual, mas também disposicional, tais distinções não são opcionais. São essenciais.

Além disso, os educadores devem estar atentos à forma da aprendizagem que a IA incentiva. Como os sistemas de IA são projetados para produzir respostas fluentes e confiantes, eles podem promover um modo de investigação que privilegia a velocidade em detrimento da paciência e a clareza em detrimento da complexidade. Em questões de fé, doutrina e história, tais tendências são perigosas. Por exemplo, quando questionada sobre a natureza da expiação, uma IA pode apresentar a substituição penal como uma interpretação singular ou dominante sem reconhecer visões alternativas, como a influência moral ou *Christus Victor*. Da mesma forma, uma pergunta sobre o livro do Apocalipse pode produzir uma linha do tempo escatológica, mas omitir leituras pastorais, litúrgicas ou anti-imperiais que são vitais para uma compreensão mais completa. A tarefa do educador, então, é modelar e exigir um engajamento mais crítico — um que reconheça a parcialidade do conteúdo gerado pela IA e retorne os alunos a fontes, tradições e conversas que excedem os resultados do modelo.

Há também preocupações sobre como a IA pode moldar a dinâmica social da sala de aula. À medida que os alunos se acostumam a receber respostas instantâneas e aparentemente autoritativas de sistemas não humanos, sua disposição para a investigação comunitária pode mudar. A natureza dialógica da aprendizagem — a troca de ideias na interpretação, a humildade da escuta, o discernimento que emerge no silêncio compartilhado — pode ser enfraquecida. Isso é especialmente verdadeiro quando o envolvimento com textos sagrados passa a ser mediado por ferramentas sem postura espiritual, sem reverência, sem comunidade e sem memória. O perigo não é apenas a distração, mas a deformação: a substituição gradual da compreensão superficial pela transformação interior.

No entanto, a IA também pode ser usada para enriquecer o diálogo quando empregada com intenção. Educadores podem usar materiais gerados por IA como pontos de partida para respostas críticas. Um professor pode designar alunos para avaliar a interpretação de um modelo da parábola do Bom Samaritano, pedindo-lhes que identifiquem omissões teológicas, pressupostos culturais ou estratégias retóricas. Em outro contexto, os alunos podem comparar resumos gerados por IA dos principais concílios com textos conciliares originais, observando o que é preservado, distorcido ou omitido. Tais exercícios podem desenvolver a alfabetização crítica e aprofundar o respeito pela complexidade do discurso teológico e histórico.

A IA também pode facilitar a aprendizagem colaborativa. Em ambientes de grupo, os alunos podem usar a IA para gerar perspectivas contrastantes sobre uma passagem — como o mandamento de dar a outra face no Sermão da Montanha — e, em seguida, discutir as implicações éticas e práticas de cada leitura. Em cursos de pregação, os alunos podem avaliar esboços homiléticos gerados pela IA e reescrevê-los à luz das necessidades e convicções espirituais de sua comunidade. Usada dessa forma, a IA se torna um contraste em vez de uma autoridade — uma ferramenta para aguçar a consciência, não para ditar o significado.

Uma das dimensões mais promissoras da IA na sala de aula é sua capacidade de apoiar a aprendizagem diferenciada. Nem todos os alunos chegam com a mesma formação em Escritura, doutrina ou teologia histórica. Alguns podem vir de tradições imersas na vida litúrgica; outros de contextos mais espontâneos ou racionalistas; outros ainda de experiências marcadas por silêncio, trauma ou exclusão. A IA pode oferecer suporte personalizado reformulando o conteúdo, fornecendo contexto ou sugerindo leituras adicionais apropriadas ao conhecimento prévio do aluno. Um aluno não familiarizado com o problema sinótico, por exemplo, pode usar a IA para aprender os contornos básicos da crítica de fontes antes de se envolver na análise dos Evangelhos em sala de aula. Outro aluno, ao se deparar com a regra de Bento pela primeira vez, pode levar a IA a explicar sua lógica espiritual em termos contemporâneos.

No entanto, a personalização não deve se tornar isolamento. A aprendizagem espiritual depende da comunidade. Envolve ser visto, ouvido e desafiado. A tarefa do professor é acompanhar os alunos na incerteza, testemunhar as dificuldades, afirmar o crescimento que muitas vezes é invisível para os próprios alunos. Nenhuma IA pode desempenhar essas funções. Nenhum modelo pode oferecer cuidado pastoral, responder às lágrimas ou proferir uma palavra de sabedoria na hora certa. Essas são as tarefas do educador — não porque sejam mais emocionais ou humanas, mas porque são relacionais, pactuadas e responsivas à presença viva dos outros.

O papel do educador, portanto, não é eclipsado pela IA. Ele é esclarecido. Os professores devem se tornar mais deliberados no cultivo da presença, mais reflexivos na demonstração de humildade e mais corajosos em abrir espaço para perguntas que não se prestam a respostas imediatas. Eles devem ajudar os alunos a enxergar a tecnologia não como uma fonte de sabedoria, mas como uma ferramenta a ser testada e interpretada. Ao fazer isso, eles ajudam os alunos a desenvolver não apenas competência intelectual, mas também maturidade espiritual.

A inteligência artificial continuará a moldar o panorama do ensino e da aprendizagem. Ela se tornará mais incorporada, mais invisível, mais persuasiva. Para educadores que trabalham com tradições enraizadas nas Escrituras, na oração e no discernimento comunitário, esse contexto exige clareza de propósito. A sala de aula não é um lugar para competir com a tecnologia. É um lugar para formar pessoas — ponderadas, atentas e sábias. Quando usada com cuidado, a IA pode apoiar esse trabalho. Mas nunca poderá defini-lo.

O capítulo a seguir explorará como a IA pode auxiliar na pesquisa acadêmica, incluindo revisão de literatura, tradução, ferramentas bibliográficas e análise de dados. Assim como no ensino, a preocupação norteadora permanecerá a mesma: como usar essas tecnologias de forma a honrar os objetivos intelectuais e espirituais da educação.

Capítulo 6
IA para Pesquisa Acadêmica

A pesquisa acadêmica é uma dimensão vital da educação espiritualmente informada. Ela sustenta a profundidade intelectual do ensino, apoia o desenvolvimento da reflexão teológica e ética e preserva a sabedoria da tradição para as gerações futuras. Em instituições moldadas pelo engajamento com as escrituras, pela consciência histórica e pela investigação doutrinária, a pesquisa não é realizada como um exercício abstrato, mas como uma vocação — enraizada na convicção de que a busca da verdade, quando corretamente direcionada, é uma forma de devoção.

O surgimento da inteligência artificial no processo de pesquisa representa uma grande mudança na forma como o trabalho acadêmico é concebido e conduzido. Grandes modelos de linguagem e ferramentas de IA relacionadas agora oferecem novas capacidades para recuperar, organizar, resumir, traduzir e até mesmo gerar conteúdo acadêmico. Essas capacidades têm o potencial de apoiar e acelerar o processo de pesquisa, especialmente para acadêmicos que trabalham com restrições de tempo, em contextos com poucos recursos ou em múltiplas fronteiras linguísticas e disciplinares. No entanto, elas também levantam preocupações críticas quanto à confiabilidade, autoria, integridade epistêmica e à preservação do rigor contemplativo na investigação teológica.

Este capítulo explora o uso da IA na pesquisa acadêmica em ambientes espiritualmente sintonizados. Considera as possibilidades que a IA oferece para revisão de literatura, exploração bibliográfica, sumarização, tradução e análise de dados, destacando os discernimentos necessários para garantir que tais ferramentas atendam, em vez de distorcer, os objetivos da pesquisa fundamentada na tradição, sabedoria e responsabilidade moral.

Uma das aplicações mais imediatas da IA em pesquisa é a tarefa de conduzir revisões bibliográficas. Quando acadêmicos começam a escrever sobre um tema — como a justiça divina na tradição profética, a teologia do corpo nas cartas paulinas ou o desenvolvimento da espiritualidade monástica na Antiguidade Tardia —, eles devem primeiro mapear o panorama acadêmico existente. Isso envolve identificar textos-chave, traçar trajetórias interpretativas e discernir lacunas ou tensões na área. Ferramentas de IA podem auxiliar nesse processo, gerando visões gerais, localizando citações e agrupando temas entre disciplinas. Quando questionado sobre a interpretação do Salmo 22 em fontes patrísticas e medievais, por exemplo, um modelo de IA pode fornecer resumos das primeiras tradições de comentários, observar variações na ênfase cristológica e apontar para literatura secundária relevante.

Essas ferramentas podem ser especialmente úteis em pesquisas interdisciplinares ou transculturais, onde a falta de familiaridade com um campo ou região paralelo pode representar obstáculos. Um acadêmico que explora as respostas eclesiais à pobreza pode usar IA para rastrear como os temas econômicos em Atos são interpretados na teologia da libertação latino-americana, na homilética norte-africana e no monaquismo siríaco primitivo. A IA pode trazer à tona tópicos que, de outra forma, poderiam permanecer enterrados em notas de rodapé, artigos não traduzidos ou periódicos subindexados.

No entanto, ferramentas de revisão de literatura impulsionadas por IA também apresentam limitações. Como os modelos de linguagem geram texto com base em padrões em seus dados de treinamento, eles podem fabricar citações, confundir interpretações ou omitir vozes marginais. Por exemplo, quando solicitado a fornecer fontes sobre o papel das mulheres na liderança da igreja primitiva, um modelo de IA pode reproduzir perspectivas eurocêntricas dominantes, ignorando fontes não ocidentais ou não canônicas. Além disso, a aparente fluência dos resumos gerados por IA pode obscurecer o fato de que eles não se baseiam em julgamento crítico, mas em predição algorítmica. Isso cria o risco de que acadêmicos — especialmente aqueles iniciantes em um tópico — confundam conveniência com compreensão.

Para mitigar esse risco, *as ferramentas de IA devem ser tratadas como auxílios heurísticos, e não como autoridades definitivas.* A tarefa do pesquisador continua sendo a de verificação, avaliação e interpretação. A IA pode auxiliar com amplitude, mas a profundidade requer discernimento humano, sensibilidade contextual e atenção espiritual. Especialmente na investigação teológica, onde a nuance e a tradição são profundamente importantes, os resumos sintéticos da IA devem ser testados em relação à leitura atenta, à comunidade vivida e ao engajamento dialógico.

Outra área em que a IA pode auxiliar a pesquisa é na organização bibliográfica. Atualmente, existem aplicativos que podem analisar um corpus de documentos, extrair referências, categorizá-las por tema ou período e gerar bibliografias anotadas ou listas de leitura. Para acadêmicos que escrevem dissertações, capítulos de livros ou propostas de financiamento, essa funcionalidade pode economizar um tempo significativo e ajudar a identificar conexões negligenciadas. Por exemplo, um acadêmico que prepara um projeto sobre ascetismo e encarnação na Antiguidade Tardia pode usar a IA para gerar uma lista comparativa de textos primários (por exemplo, *A Vida de Antônio, Ditos dos Padres do Deserto*) juntamente com comentários modernos, análises teológicas e críticas antropológicas.

Essa capacidade pode ser ampliada por meio de ferramentas de gerenciamento de citações que agora integram recursos de IA. Essas ferramentas podem sugerir correções de formatação, detectar inconsistências ou recomendar fontes adicionais com base em citações existentes. Essas ferramentas, se usadas com cuidado, podem contribuir para a clareza e a precisão. No entanto, também aqui, elas exigem supervisão. A IA não consegue determinar o peso teológico de uma citação nem discernir o significado pastoral de uma nota de rodapé. Somente o acadêmico, situado em uma comunidade intelectual e espiritual específica, pode fazer isso.

A tradução é outro domínio em que a IA se mostra bastante promissora. A pesquisa multilíngue é frequentemente limitada por barreiras linguísticas, especialmente quando se trabalha com fontes em grego, latim, siríaco ou línguas modernas não inglesas. Ferramentas de tradução baseadas em IA podem oferecer rascunhos de traduções de textos teológicos, documentos eclesiásticos ou registros históricos, permitindo acesso inicial onde, de outra forma, não haveria. Um pesquisador que explora a teologia norte-africana primitiva, por exemplo, pode usar a IA para traduzir sermões de Agostinho ou Cipriano que permanecem sem tradução, ou para acessar estudos contemporâneos em francês ou português.

No entanto, a tradução teológica não é uma simples questão de substituição de palavras. Ela requer sensibilidade ao tom espiritual, precisão doutrinária e ressonância cultural. O termo "logos", por exemplo, não pode ser traduzido meramente como "palavra" sem considerar suas implicações filosóficas e teológicas na literatura joanina e no desenvolvimento inicial do credo. Da mesma forma, expressões idiomáticas de lamento, louvor ou mistério — encontradas em textos bíblicos ou poesia espiritual — frequentemente resistem à tradução literal ou mecânica. Traduções com IA, embora úteis como ponto de partida, devem ser verificadas em relação a traduções acadêmicas, ferramentas lexicais e conhecimento contextual existentes.

A IA também pode auxiliar na análise de dados em projetos de pesquisa que envolvam padrões, estatísticas ou corpora textuais. Por exemplo, um acadêmico que analisa padrões retóricos nas epístolas paulinas pode usar a IA para rastrear a frequência de certas exortações éticas em diferentes cartas ou para visualizar como metáforas de luz e escuridão funcionam na literatura sapiencial. Projetos de humanidades digitais dependem cada vez mais dessas ferramentas para codificar temas, mapear redes e detectar mudanças na linguagem teológica ao longo do tempo ou da geografia.

Em alguns contextos, a IA também tem sido utilizada para auxiliar na comparação de manuscritos, identificando leituras variantes, interpolações estilísticas ou tendências de escribas em grandes conjuntos de dados textuais. Essas ferramentas podem enriquecer o campo da crítica textual, especialmente quando combinadas com o treinamento filológico tradicional. No entanto, a interpretação desses padrões continua sendo uma tarefa humana — moldada pela imaginação teológica, conhecimento histórico e humildade acadêmica.

Em todas essas aplicações, emerge um princípio consistente: a IA pode aprimorar a pesquisa quando inserida em uma estrutura mais ampla de estudos críticos e espiritualmente fundamentados. Ela não pode substituir a leitura atenta, o diálogo comunitário, a reflexão espiritual ou a intuição teológica. De fato, sua própria velocidade e amplitude podem induzir os acadêmicos a conclusões precipitadas, reduzindo o trabalho de interpretação à agregação de fontes. Em tradições que valorizam a sabedoria em detrimento da informação, a formação em detrimento da acumulação, essa é uma tentação que deve ser resistida.

Pesquisar não se trata apenas de produzir conhecimento. Trata-se também de preservar tradições, questionar pressupostos e contribuir para a vida moral e espiritual das comunidades. O acadêmico, nessa visão, não é um gerador de conteúdo, mas um servidor do entendimento — encarregado de manter unido mistério e significado, passado e presente, contemplação e crítica. A IA pode auxiliar nessa tarefa, mas nunca deve defini-la.

Este capítulo explorou os usos e limites da IA na pesquisa acadêmica: como ela pode auxiliar revisões de literatura, bibliografias, traduções e análises, e como deve ser integrada ao cuidado e ao discernimento. O próximo capítulo analisará como a IA afeta a avaliação do trabalho dos alunos e como instituições e educadores podem avaliar a aprendizagem de maneiras que preservem a integridade acadêmica e a formação espiritual em uma era de máquinas inteligentes.

Capítulo 7
Avaliando alunos na era da IA

A avaliação é um elemento central do processo educacional. Ela não apenas mede a aprendizagem, mas a molda. O que os educadores escolhem avaliar, e como o fazem, revela sua compreensão do que importa na sala de aula e além dela. Em instituições espiritualmente informadas, a avaliação não é simplesmente um meio de classificar ou certificar alunos; ela faz parte de um compromisso mais amplo com a formação. Avaliar o trabalho dos alunos envolve atenção ao crescimento em sabedoria, caráter e compreensão, não apenas ao domínio do conteúdo.

A chegada da inteligência artificial ao cenário acadêmico introduziu novas complexidades à tarefa de avaliação. Os alunos agora têm acesso a ferramentas que podem gerar redações, resumir textos, resolver problemas e simular análises acadêmicas. Essas ferramentas, embora potencialmente úteis para estudo e síntese, também levantam preocupações sobre autoria, integridade e a formação da virtude intelectual. Os educadores agora devem se perguntar se um determinado trabalho do aluno reflete engajamento genuíno e como avaliar a aprendizagem em um contexto onde a assistência artificial é frequentemente invisível e, às vezes, indistinguível do esforço humano.

Este capítulo explora as implicações da IA para a avaliação de alunos. Aborda questões práticas e filosóficas: como os educadores podem garantir justiça e precisão na atribuição de notas? Como as instituições podem promover a integridade sem recorrer à vigilância ou à suspeita? E como as práticas de avaliação podem ser repensadas para enfatizar o discernimento, a reflexão e a transformação, em vez da replicação de informações?

Uma das preocupações mais urgentes relacionadas à IA e à avaliação de alunos é o potencial de plágio ou assistência não autorizada. Modelos de linguagem agora podem gerar ensaios completos sobre tópicos como a teologia do sofrimento em Jó, a ética da riqueza no Evangelho de Lucas ou o significado do amor sacrificial nos escritos de Paulo. Esses ensaios frequentemente parecem coerentes, bem estruturados e estilisticamente apropriados. Podem até incluir notas de rodapé e referências, algumas reais e outras inventadas. Para instrutores que leem dezenas de submissões, a presença desse material pode ser difícil de detectar.

Diversas ferramentas de software agora afirmam detectar conteúdo gerado por IA, analisando padrões de vocabulário, estrutura de frases e probabilidade. No entanto, essas ferramentas não são totalmente confiáveis. Elas podem produzir falsos positivos, identificar erroneamente os estilos de escrita dos alunos ou ser burladas por softwares de paráfrase. Além disso, a dependência de softwares de detecção pode criar uma dinâmica adversa entre alunos e educadores, minando a atmosfera de confiança e respeito essencial para uma aprendizagem espiritualmente fundamentada.

Diante desses desafios, muitos educadores estão reconsiderando a natureza e o propósito da avaliação. Em vez de depender principalmente de redações tradicionais para levar para casa ou questionários online – formatos mais suscetíveis à assistência da IA –, eles estão se voltando para tarefas que exigem reflexão pessoal, interpretação contextual e engajamento dialógico. Por exemplo, em vez de pedir aos alunos que resumam a teologia da cruz em 1 Coríntios, um professor pode convidá-los a refletir sobre como a mensagem de fraqueza e poder de Paulo se relaciona com formas contemporâneas de ministério, injustiça ou reconciliação. Respostas que integram experiência vivida, discussão em sala de aula e contexto comunitário são mais difíceis de gerar artificialmente e têm maior probabilidade de refletir uma aprendizagem autêntica.

Da mesma forma, provas orais, exercícios de escrita em sala de aula, projetos colaborativos e apresentações criativas oferecem oportunidades de avaliação em tempo real da compreensão dos alunos. Esses formatos convidam os alunos a falar com sua própria voz, responder a perguntas complementares e demonstrar a integração entre conhecimento e interpretação. Uma discussão em sala de aula sobre Mateus 25, por exemplo, pode pedir aos alunos que comparem a parábola das ovelhas e dos bodes com expressões locais de hospitalidade ou serviço comunitário, fomentando tanto a alfabetização bíblica quanto a imaginação ética.

As rubricas também podem ser ajustadas para recompensar a originalidade, a profundidade da percepção e o engajamento com fontes primárias. Em vez de critérios puramente analíticos, os educadores podem enfatizar a nuance interpretativa, a coerência teológica ou a aplicação prática. Um curso de homilética pode avaliar não apenas a estrutura de um sermão, mas também o quanto ele reflete a preparação em oração, a relevância contextual e a sensibilidade pastoral. Um curso sobre os primeiros concílios pode pedir aos alunos que escrevam uma carta pastoral fictícia de uma figura histórica, articulando as implicações da cristologia nicena para questões contemporâneas de identidade e sofrimento.

Além de repensar as tarefas, as instituições devem cultivar culturas de integridade que vão além de regras e penalidades. Os alunos devem ser convidados a conversar sobre a importância da honestidade — não apenas porque o engano leva a notas injustas, mas porque prejudica o próprio processo de formação. Quando os alunos apresentam ideias que não são suas, perdem a oportunidade de debater, questionar e crescer. Eles prejudicam o lento processo de insight e, com ele, a humildade espiritual que advém do reconhecimento dos próprios limites e da busca pela verdade em comunidade.

Essas conversas são mais bem conduzidas não como intervenções disciplinares, mas como parte da própria jornada educacional. Os professores podem começar um semestre discutindo o valor do trabalho original, o uso adequado de ferramentas tecnológicas e as disciplinas espirituais da leitura, da escrita e do engajamento crítico. As políticas do curso devem ser transparentes, razoáveis e estruturadas não como restrições, mas como convites à integridade.

No nível institucional, códigos de conduta e declarações de integridade acadêmica devem ser revisitados à luz das tecnologias emergentes. Em vez de focar apenas na proibição, esses documentos podem articular compromissos compartilhados com a veracidade, a responsabilização e o desenvolvimento de outros. Uma declaração sobre honestidade acadêmica pode afirmar que a busca pelo conhecimento também é uma prática espiritual — que exige atenção, paciência e cuidado. As políticas também podem esclarecer as expectativas em torno do uso da IA: quando é permitido, como deve ser citado e quais formas de assistência constituem deturpação.

É importante que os educadores modelem as práticas que buscam cultivar. Quando os professores utilizam ferramentas de IA em seu próprio trabalho — seja para edição, resumo ou organização —, eles podem compartilhar esse processo com os alunos, demonstrando como usar essas ferramentas de forma ética e transparente. Eles também podem reconhecer suas próprias dúvidas e incertezas, fomentando um ethos compartilhado de exploração em vez de controle.

Alguns educadores podem temer que a ampla disponibilidade da IA torne o aprendizado profundo impossível. Mas tal conclusão é prematura. Embora a IA possa simular certas formas de conhecimento, ela não pode replicar sabedoria, discernimento ou transformação. Esses são os objetivos mais profundos da educação em instituições espiritualmente informadas. Quando a avaliação se concentra não apenas em respostas corretas, mas em um processo reflexivo — na capacidade de ouvir, interpretar e responder com cuidado —, ela cria espaço para o aprendizado genuíno. A IA pode influenciar a forma de avaliação, mas não precisa deslocar seu propósito.

O desafio, então, é elaborar tarefas e avaliações que não sejam apenas difíceis de automatizar, mas também que valham a pena serem feitas. Esses são os tipos de tarefas que envolvem a pessoa como um todo: exercícios de imaginação teológica, reflexão ética, diálogo comunitário e a aplicação da fé à vida. Em um curso sobre oração, por exemplo, uma tarefa final pode pedir aos alunos que escrevam e anotem uma regra de vida pessoal fundamentada em fontes bíblicas e históricas. Em um seminário sobre a igreja primitiva, os alunos podem ser solicitados a elaborar um currículo catequético para uma comunidade de fé moderna, com base em textos antigos e desafios contemporâneos. Essas tarefas resistem ao plágio não por meio da vigilância, mas por convidar à autenticidade.

A avaliação, na melhor das hipóteses, não é punitiva, mas formativa. Ela não busca pegar os alunos em erro, mas acompanhá-los em seu crescimento. Em um mundo onde as máquinas podem gerar texto, o que se torna mais valioso é a voz que não pode ser replicada — a voz moldada pelo estudo, pela oração, pelo diálogo e pela convicção. Os educadores têm a responsabilidade de nutrir essa voz, e a avaliação continua sendo uma das maneiras pelas quais ela é ouvida, testada e refinada.

O próximo capítulo estenderá a conversa para um território institucional e ético mais amplo. Questionará como escolas, departamentos e faculdades podem abordar a IA de forma estratégica e responsável — elaborando políticas, promovendo o desenvolvimento do corpo docente e se preparando para um futuro em que discernimento e imaginação serão mais necessários do que nunca.

Parte III
Considerações éticas, teológicas e institucionais

Capítulo 8
IA e Direito Autoral
Treinamento, Propriedade e os Limites da Expressão

A rápida integração da inteligência artificial no cenário acadêmico e criativo tem levantado sérias questões sobre propriedade intelectual, particularmente nas áreas de autoria, originalidade e reutilização de conteúdo existente. À medida que os sistemas de IA se tornam mais profundamente incorporados à pesquisa, publicação e ensino teológicos, as instituições são forçadas a confrontar os arcabouços legais e éticos que moldam como essas tecnologias podem e devem ser usadas. No centro dessa discussão estão dois princípios jurídicos que, em conjunto, ajudam a definir os limites do desenvolvimento legal e responsável da IA: a doutrina do uso transformador e a regra fundamental de que as ideias em si não podem ser protegidas por direitos autorais.

No cerne do atual debate jurídico está a questão de se o treinamento de modelos de IA em materiais protegidos por direitos autorais constitui violação. Modelos de linguagem de grande porte (LLMs), como os que alimentam sistemas conversacionais avançados, são treinados em enormes corpora de texto — incluindo livros, artigos acadêmicos, sites e recursos teológicos — muitos dos quais estão sob proteção de direitos autorais. Os desenvolvedores desses sistemas argumentam que o processo de treinamento é fundamentalmente transformador. A IA não armazena ou reproduz textos na íntegra; em vez disso, ela usa os padrões e estruturas encontrados nesses textos para gerar resultados novos e imprevisíveis. Nessa visão, o treinamento não se trata de copiar, mas de aprender; não de explorar, mas de sintetizar.

O conceito de uso transformador é central para esta defesa. Na lei de direitos autorais dos EUA, o uso justo permite certos usos não autorizados de obras protegidas por direitos autorais quando o novo uso acrescenta nova expressão, significado ou propósito. Os tribunais historicamente reconhecem o uso transformador em contextos como paródia, comentário e indexação em mecanismos de busca. Desenvolvedores de IA argumentam que o treinamento constitui uma transformação semelhante. O propósito do texto original pode ter sido instrução doutrinária ou comentário histórico, enquanto o propósito do treinamento é permitir o raciocínio linguístico geral em uma variedade de assuntos. A função, a intenção e o impacto são diferentes.

Ainda não está claro se esse argumento prevalecerá. Diversos processos judiciais estão pendentes nos Estados Unidos e em outros lugares, movidos por autores, artistas visuais, organizações de notícias e desenvolvedores de software que alegam que empresas de IA construíram ferramentas comerciais com o trabalho não remunerado de criadores humanos. Alguns críticos argumentam que os sistemas de IA agora são capazes de gerar resultados que competem diretamente com as obras das quais aprenderam, levantando questões sobre se o uso é verdadeiramente transformador ou meramente derivativo. Os tribunais eventualmente precisarão avaliar se o treinamento de modelos de IA transforma suficientemente os materiais subjacentes para justificar a isenção de responsabilidade. Esses casos provavelmente definirão os contornos legais futuros do desenvolvimento e do uso justo da IA.

A legislação da União Europeia, por outro lado, é mais estruturada em suas limitações. De acordo com a Diretiva de Direitos Autorais da UE de 2019, certas formas de mineração de texto e dados são permitidas para pesquisa e inovação, mas os detentores de direitos podem optar por não fazê-lo negando explicitamente o consentimento para tais usos. Isso tem levado a uma pressão crescente para que os desenvolvedores de IA mantenham a transparência em relação aos dados usados em treinamentos e busquem licenças ou permissões quando necessário. Embora tal regulamentação possa proteger os criadores, também levanta preocupações sobre a restrição do acesso a conteúdo educacional de amplo alcance — uma questão particularmente relevante na teologia, onde muitas ideias fundamentais têm séculos de existência e são culturalmente difundidas.

Além da questão dos dados de treinamento, uma segunda questão urgente diz respeito à propriedade e ao status de direitos autorais dos resultados gerados pela IA. Quem, se houver alguém, é o proprietário do texto produzido por uma IA quando solicitado por um usuário? Esse material pode ser protegido por direitos autorais ou está inerentemente fora do escopo da proteção legal?

De acordo com a legislação vigente na maioria das jurisdições, os direitos autorais se aplicam apenas a obras de autoria humana. Produtos gerados por IA sem intervenção humana significativa não são elegíveis para proteção. O Escritório de Direitos Autorais dos EUA, por exemplo, deixou claro que obras criadas inteiramente por sistemas de IA não podem ser registradas como propriedade protegida por direitos autorais. No entanto, quando usuários humanos direcionam, editam ou remodelam os produtos de forma substancial, pode haver fundamento para atribuição parcial ou total de direitos autorais. A linha entre trabalho assistido e trabalho de autoria permanece tênue, e as instituições precisarão estabelecer suas próprias políticas para avaliar e divulgar o envolvimento da IA em publicações, trabalhos e materiais didáticos.

Essas questões conduzem naturalmente a uma área relacionada e frequentemente mal compreendida do direito autoral: a distinção entre ideias e expressões. Um dos princípios fundamentais da propriedade intelectual é que ideias não são protegidas por direitos autorais. Apenas a maneira específica como uma ideia é expressa — por meio de palavras, estrutura, estilo ou forma — é elegível para proteção legal. Essa doutrina preserva a livre troca de conhecimento e garante que nenhuma pessoa ou grupo possa reivindicar direitos exclusivos sobre conceitos teológicos, reivindicações históricas ou estruturas éticas. É a formulação, não a ideia em si, que é protegida.

Essa distinção é extremamente importante no contexto da IA. Durante o treinamento, os modelos de IA absorvem padrões de associação, sintaxe e significado de vastas quantidades de texto. Mas eles não (exceto em casos raros e não intencionais) memorizam ou reproduzem frases específicas. Em vez disso, desenvolvem uma compreensão probabilística de como as palavras se relacionam umas com as outras com base no uso observado. Assim, quando um modelo gera um parágrafo sobre a providência divina, ele não está recuperando uma citação armazenada de Tomás de Aquino ou Karl Barth; está gerando uma nova formulação de uma ideia antiga. Como as ideias não podem ser protegidas por direitos autorais e como o resultado gerado não é uma cópia de uma expressão protegida, a alegação legal de violação torna-se mais difícil de sustentar — desde que o modelo evite paráfrases próximas ou reprodução sem atribuição.

Esta estrutura ajuda a tranquilizar educadores e pesquisadores que dependem de ferramentas de IA para apoiar o pensamento, a redação ou o ensino. O fato de a IA ter sido treinada com base em literatura teológica protegida por direitos autorais não torna, por si só, o uso da ferramenta ilegal — particularmente quando o usuário está gerando novo material, contribuindo com ideias originais e aplicando-as em um contexto educacional ou acadêmico. No entanto, os usuários ainda devem ser cautelosos. É melhor evitar o uso de IA para resumir ou reescrever artigos inteiros protegidos por direitos autorais, especialmente sem atribuição. Em caso de dúvida, cite as fontes, revele o envolvimento da IA e revise cuidadosamente os resultados para evitar replicação não intencional.

Em última análise, o efeito combinado da doutrina do uso transformador e da dicotomia ideia/expressão é afirmar que a IA pode desempenhar um papel legítimo, ético e criativo na busca do conhecimento — particularmente quando esse papel é enquadrado como colaborativo e não substitutivo. Educadores e instituições teológicas não devem temer a IA, nem delegar sua autoridade intelectual a ela. Em vez disso, devem usá-la como uma ferramenta que estimula a curiosidade, aumenta a precisão e abre novas possibilidades para a investigação e a comunicação.

À medida que as leis evoluem e as decisões judiciais começam a esclarecer os limites do uso justo e da propriedade, será importante que os acadêmicos permaneçam engajados tanto com os desenvolvimentos jurídicos quanto com a reflexão ética. A IA não é simplesmente um problema jurídico; é um desafio pedagógico e moral. A forma como a utilizamos reflete o que valorizamos em relação à aprendizagem, à autoria e à verdade.

Para a educação teológica em particular, onde a transmissão e a transformação da tradição são centrais, a questão não é meramente o que a IA pode fazer, mas como ela pode ser usada de uma forma que honre a vocação do professor, a dignidade do aluno e a integridade do empreendimento teológico.

Capítulo 9
Integridade Acadêmica e Fraude Estudantil

A integridade está no cerne de toda educação significativa. Sem ela, a confiança se erode entre alunos e professores, instituições e comunidades e, em última análise, entre os aprendizes e as verdades que buscam. Em ambientes educacionais espiritualmente formados, o chamado à integridade não é apenas acadêmico, mas moral. Reflete uma visão de educação na qual a verdade é buscada não como mera informação, mas como algo a ser vivido. A presença da inteligência artificial na vida acadêmica desafia essa visão de maneiras novas e urgentes. À medida que as ferramentas de IA se tornam cada vez mais capazes de produzir ensaios, analisar textos e responder a perguntas com notável fluência, os limites entre aprendizagem autêntica e assistência artificial tornaram-se mais difíceis de discernir.

Este capítulo aborda a questão da integridade acadêmica na era da IA. Considera como instituições e educadores podem responder ao crescente potencial de uso indevido de ferramentas de IA por parte dos alunos, não apenas impondo regras, mas também cultivando a consciência ética e a responsabilidade comunitária. O desafio não é apenas prevenir a trapaça, mas promover ambientes nos quais a honestidade, a humildade intelectual e a busca pela sabedoria sejam vistas como parte integrante do desenvolvimento espiritual e acadêmico.

Em qualquer geração, os alunos já enfrentaram a tentação de tomar atalhos em seus trabalhos acadêmicos. Essas tentações não são novas, mas as ferramentas agora disponíveis facilitam muito a construção de competência. Um aluno com dificuldades para concluir uma redação sobre a misericórdia divina na literatura profética pode, em segundos, pedir a um modelo de linguagem que gere um argumento coerente repleto de citações bíblicas. Outro aluno, sem saber como estruturar uma resposta a uma leitura teológica difícil, pode solicitar que uma IA resuma e avalie o texto e, em seguida, apresente a resposta como se fosse sua. Tais usos são cada vez mais difíceis de detectar, especialmente quando os alunos são estratégicos na edição do texto ou usam ferramentas de paráfrase para obscurecer suas origens.

A preocupação mais profunda, no entanto, não é apenas a detecção. É a deformação. Quando os alunos terceirizam habitualmente seu pensamento, enfraquecem os próprios músculos dos quais dependem a formação espiritual e acadêmica: paciência, atenção, interpretação e discernimento. As práticas que desenvolvem a percepção e o caráter — como lidar com uma passagem difícil, articular uma questão de forma imperfeita, aprender com o fracasso — são ignoradas em favor de um desempenho polido, mas superficial. Com o tempo, isso prejudica não apenas a qualidade da educação, mas também a integridade da pessoa.

Muitas instituições buscam responder por meio de políticas, atualizando as diretrizes de honestidade acadêmica para abordar diretamente as ferramentas de IA. Algumas proíbem o uso de IA generativa, a menos que explicitamente permitido. Outras exigem que os alunos citem a assistência da IA da mesma forma que citariam outras fontes. Outras ainda estão experimentando novas categorias de colaboração e suporte, reconhecendo que a IA pode, em alguns casos, ser um auxílio legítimo à aprendizagem quando usada de forma transparente.

Políticas por si só, no entanto, são insuficientes. Elas devem ser fundamentadas em uma cultura de integridade — um entendimento compartilhado de que a honestidade não se trata apenas de evitar punições, mas de honrar o próprio processo educacional. Em instituições espiritualmente enraizadas, essa cultura deve ser moldada por tradições de formação moral, responsabilidade comunitária e reflexão vocacional. Os profetas hebreus condenaram o engano não apenas como uma violação da lei, mas como uma ruptura da aliança. Os Evangelhos colocam a verdade no centro do discipulado, mesmo quando isso acarreta um custo pessoal. As primeiras tradições monásticas enfatizavam a integridade no pensamento e na palavra como sinais de um coração indiviso. Essas fontes não oferecem políticas administrativas, mas fornecem um horizonte moral dentro do qual as políticas podem tomar forma.

Os docentes desempenham um papel fundamental na formação dessa cultura. Eles podem modelar a integridade discutindo suas próprias práticas de estudo e investigação — como usam ferramentas de IA, como citam suas fontes e como abrem espaço para reflexão em sua vida intelectual. Eles podem estruturar as tarefas não apenas como tarefas a serem concluídas, mas como oportunidades para os alunos encontrarem algo significativo. Um professor que propõe um trabalho sobre a natureza da esperança nas cartas de Paulo pode começar perguntando aos alunos como eles encontraram esperança em suas próprias vidas, convidando-os a ver a conexão entre exegese e reflexão existencial. Dessa forma, a tarefa se torna não apenas um obstáculo acadêmico, mas um exercício formativo.

Conversas sobre integridade também devem ser incorporadas ao ritmo do curso. Em vez de emitir um aviso no primeiro dia e revisitá-lo apenas quando surgir um problema, os instrutores podem retornar regularmente às questões de autoria, voz e responsabilidade. Ao discutir as *Confissões de Agostinho*, por exemplo, pode-se explorar não apenas seus insights teológicos, mas também sua honestidade literária — a maneira como ele nomeia suas lutas, confessa seus fracassos e busca a verdade com vulnerabilidade. Ao ensinar os Salmos, pode-se refletir com os alunos sobre como o lamento e o louvor exigem autenticidade, e como a mesma autenticidade é exigida tanto na expressão acadêmica quanto espiritual.

As tarefas também podem ser elaboradas para promover a integridade. Sugestões que exigem reflexão pessoal, aplicação contextual ou engajamento dialógico são mais resistentes ao uso indevido. Em vez de solicitar uma redação geral sobre a imagem de Deus, o instrutor pode pedir aos alunos que comparem essa doutrina com sua experiência de vida comunitária, sua compreensão de justiça ou seu engajamento com eventos atuais. Trabalhos em grupo, apresentações orais e projetos criativos podem fornecer meios adicionais para demonstrar a aprendizagem de maneiras difíceis de falsificar e mais fáceis de afirmar.

No nível institucional, escritórios de integridade acadêmica, departamentos de vida estudantil e capelanias podem colaborar para abordar as questões morais mais amplas levantadas pela IA. Workshops sobre pesquisa ética, painéis docentes sobre tecnologia e formação ou retiros sobre vocação na era digital podem contribuir para um entendimento compartilhado de que a integridade não é um fardo individual, mas uma tarefa comunitária. O objetivo não é vigiar, mas pastorear; não é punir, mas formar.

Também é importante reconhecer que a tentação de usar a IA de forma inadequada é frequentemente um sintoma de dificuldades mais profundas — pressão de tempo, ansiedade acadêmica, síndrome do impostor ou fadiga espiritual. Diante disso, respostas punitivas à desonestidade acadêmica podem não ser suficientes. As instituições devem estar atentas às condições em que os alunos tomam essas decisões e oferecer apoio adequado. Estruturas de aconselhamento, recursos de saúde mental, relacionamentos de mentoria e cuidado espiritual contribuem para um ambiente em que os alunos se sintam empoderados para fazer seu próprio trabalho — e para crescer no processo.

Na era da IA, a integridade acadêmica não pode ser mantida apenas por suspeitas ou softwares. Ela deve ser nutrida pela confiança, por relacionamentos significativos e por um compromisso compartilhado com a verdade. Educadores e instituições têm a oportunidade não apenas de responder aos desafios da trapaça, mas também de resgatar uma visão mais rica da educação — uma visão na qual a aprendizagem seja entendida como uma jornada de formação e onde as ferramentas que usamos estejam sempre subordinadas ao tipo de pessoas que estamos nos tornando.

À medida que avançamos para o próximo capítulo, passamos das práticas individuais para a estratégia institucional. A questão agora é: como as escolas podem se preparar estrutural, pedagógica e espiritualmente para um futuro em que a IA será uma presença constante? Que tipo de políticas, recursos e treinamento serão necessários para equipar professores e alunos para um engajamento sábio e fiel?

Capítulo 10
Reflexões teológicas e éticas sobre IA

O advento da inteligência artificial na educação, na pesquisa e na vida cotidiana exige mais do que um ajuste pragmático. Exige reflexão teológica e ética. O que significa criar máquinas que imitam a inteligência humana, produzem discursos que soam como sabedoria ou imitam formas de presença antes reservadas a pessoas? Quais são os limites dessa imitação? E o que o uso da IA revela sobre nossos próprios desejos, medos e visões do que significa ser humano?

Em tradições espiritualmente informadas, as questões tecnológicas nunca se limitam à utilidade. Elas também se referem à antropologia, à ética e à configuração moral da comunidade. A tecnologia não é neutra; ela reflete os valores de seus criadores, as práticas de seus usuários e as estruturas de poder nas quais está inserida. Este capítulo busca trazer recursos teológicos para a avaliação ética da inteligência artificial, não oferecendo um veredito final, mas identificando estruturas para um discernimento contínuo.

No centro de qualquer relato teológico da IA deve estar a questão da pessoa humana. Se os sistemas de IA podem gerar texto, compor música, traduzir idiomas e dialogar, o que distingue a inteligência humana da replicação artificial? A resposta não está na velocidade ou sofisticação, mas na profundidade relacional e espiritual. Os seres humanos não são meros processadores de dados. São criaturas formadas em relacionamentos — capazes de amor, autorreflexão, vulnerabilidade e comunhão. Na visão bíblica, os humanos não são definidos apenas por sua capacidade mental, mas por sua vocação de administrar a criação, buscar sabedoria e viver em aliança com os outros e com Deus.

Essa visão resiste tanto ao romantismo quanto ao reducionismo. Não exige que os humanos sejam infalíveis ou oniscientes, mas insiste que eles são mais do que a soma de seus resultados. A inteligência, sob essa perspectiva, não é meramente uma função de respostas corretas ou processamento eficiente. Ela é moldada pela memória moral, pelo anseio espiritual e pela capacidade de transformação. Essas são *qualidades que a IA não possui. Modelos de linguagem podem ser treinados em textos sagrados, mas não creem, não adoram, não lamentam nem se alegram. Não conseguem orar. Não conseguem discernir o movimento do Espírito nem responder ao sofrimento com compaixão enraizada na história e na esperança. Sua eloquência é impressionante, mas é vazia de presença.*

Essa distinção tem implicações éticas. Um perigo no uso da IA não é apenas que ela pode enganar os outros, mas também que pode nos enganar — levando-nos a tratar as máquinas como se fossem agentes, ou a esquecer as dimensões espirituais e relacionais da ação humana. Quando a IA é usada para escrever cartas pastorais, gerar orações ou simular debates éticos, corremos o risco de confundir desempenho linguístico com responsabilidade moral. Uma bênção bem formulada, gerada por uma máquina, pode parecer comovente, mas não nasce do amor. Um esboço de sermão pode ser estruturalmente sólido, mas não carrega nenhuma autoridade espiritual. Não surgiu do jejum, da intercessão ou da vida compartilhada de uma comunidade.

Além disso, a IA não é apenas um espelho do pensamento humano, mas um produto da cultura humana — moldada pelas suposições, exclusões e vieses dos dados com os quais é treinada. Modelos de linguagem reproduzem narrativas dominantes, marginalizam vozes minoritárias e refletem as desigualdades das sociedades que os produzem. Para educadores comprometidos com a justiça, a equidade e a reconciliação, isso representa um sério desafio. É preciso perguntar: de quem são as perspectivas que estão sendo amplificadas? De quem são as histórias que estão sendo ignoradas? Como resistir à simplificação da complexidade moral em conveniência algorítmica?

Nesse sentido, a ética teológica pode oferecer orientação. A tradição profética, por exemplo, chama a atenção para as maneiras pelas quais o poder distorce a percepção e a fala. Os profetas não se limitam a proclamar a verdade; eles desvendam falsidades mascaradas em linguagem piedosa. Eles denunciam sistemas que parecem justos, mas são construídos com base na exploração. Nesse espírito, educadores e acadêmicos devem questionar se os sistemas de IA — por mais impressionantes que sejam — servem ou minam a dignidade dos pobres, dos marginalizados e dos que não têm voz. Essas ferramentas desafiam a injustiça ou reforçam as hierarquias existentes de conhecimento, linguagem e acesso?

A ética da IA também se cruza com questões de formação. Se essas ferramentas moldam a forma como aprendemos, que tipo de aprendizes elas produzem? Os alunos estão sendo formados em hábitos de investigação, paciência e diálogo — ou em hábitos de eficiência, imitação e distanciamento? Os professores estão sendo incentivados a orientar, modelar e acompanhar — ou a delegar a formação às máquinas? Essas não são questões apenas tecnológicas. São questões sobre que tipo de pessoas e comunidades buscamos cultivar.

Outra preocupação relevante é a tentação ao messianismo tecnológico — a crença de que a IA pode resolver os problemas humanos de uma vez por todas. Essa tentação não é nova. Ao longo da história, os humanos se voltaram para ídolos que eles mesmos criaram em busca de certeza, controle e libertação. Seja em bezerros de ouro ou nas telas de cinema, o anseio por poder sem vulnerabilidade permanece forte. Na era digital, a IA pode se tornar mais um desses ídolos: uma fonte de conhecimento sem responsabilidade, presença sem relacionamento ou poder sem sabedoria.

Uma visão teológica resiste a essa tentação afirmando a finitude como uma dádiva. As limitações humanas não são falhas a serem superadas, mas condições para a humildade, a dependência e a comunidade. A tecnologia, corretamente ordenada, pode ampliar a capacidade humana. Mas, quando busca substituir a vulnerabilidade pela invencibilidade, ou a corporificação pela simulação, distorce a própria estrutura da vida moral e espiritual. A sabedoria não começa com a maestria, mas com a reverência — com o reconhecimento de que o conhecimento deve ser guiado pelo amor e que a verdade deve ser incorporada em vidas de justiça e paz.

Isso não significa que a IA deva ser rejeitada por completo. Pelo contrário, ferramentas de grande poder exigem uma administração cuidadosa. Nas parábolas, os servos são elogiados não por enterrarem seus talentos, mas por investi-los com discernimento e coragem. O mesmo se aplica aos dons tecnológicos. A tarefa é usá-los de maneiras que se alinhem a compromissos mais profundos — para formar alunos, servir comunidades, apoiar a aprendizagem e aprofundar a vida do espírito. A IA pode auxiliar nesses objetivos, mas não pode defini-los.

Ao discernir como usar a IA, educadores e instituições devem, portanto, retornar a questões fundamentais: O que acreditamos sobre dignidade, propósito e destino humanos? Que tipo de conhecimento leva à sabedoria? Que tipo de ensino promove a transformação? E que tipo de mundo estamos preparando os alunos para habitar, moldar e servir?

A reflexão teológica e ética sobre a IA ainda está em seus estágios iniciais e exigirá vozes de muitas tradições, disciplinas e culturas. Mas ela deve começar agora, não apenas na teoria, mas na prática — nas salas de aula, nas políticas, nas tarefas e nas conversas. Para aqueles que veem a educação como um dever sagrado, o surgimento da IA não é uma distração. É um convite: questionar novamente o que significa ensinar, aprender e buscar a verdade em um mundo onde as máquinas falam — mas somente os humanos são chamados a amar.

No próximo capítulo, exploraremos como as instituições podem responder em nível estrutural: desenvolvendo estratégias, treinando professores, elaborando políticas e cultivando uma liderança capaz de guiar as comunidades através das promessas e perigos da inteligência artificial.

Capítulo 11
Estratégia Institucional e
Desenvolvimento Docente

O surgimento da inteligência artificial no ensino superior não é uma tendência passageira. Representa uma transformação estrutural que moldará a pedagogia, a pesquisa, a avaliação e a administração nos próximos anos. Embora docentes e alunos já estejam tomando decisões sobre como usar ou resistir a essas ferramentas, o impacto a longo prazo da IA dependerá, em grande parte, de como as instituições responderão — como se organizam, educam, apoiam e se governam em uma época de rápidas mudanças tecnológicas.

Para instituições alicerçadas em tradições espirituais e morais, essa resposta deve ser mais do que tática. Deve ser teológica, ética e formativa. Como as escolas podem preparar seus professores e comunidades para usar a IA com sabedoria? Como podem elaborar políticas que sejam claras e compassivas, visionárias e realistas? O que significa para uma escola administrar novas tecnologias à luz de sua missão — não apenas educar mentes, mas também formar corações, cultivar virtudes e servir ao bem comum?

Este capítulo explora as dimensões estratégicas e de desenvolvimento do engajamento institucional com a IA. Concentra-se em três áreas principais: desenvolvimento do corpo docente, políticas e governança, e cultura institucional. Juntas, essas dimensões formam a base para a fidelidade e a flexibilidade a longo prazo em um mundo cada vez mais moldado por máquinas inteligentes.

Os docentes são o coração de qualquer instituição educacional. Suas decisões — o que atribuir, como ensinar, quando permitir ou proibir o uso da IA — moldarão a experiência do aluno muito mais do que qualquer documento de política. *No entanto, muitos docentes, mesmo aqueles com vasta experiência em pedagogia ou pesquisa acadêmica, sentem-se despreparados para as questões éticas e práticas que a IA apresenta.* Eles podem não ter certeza de como a tecnologia funciona, desconfiar de seus vieses ou não saber como conversar com os alunos sobre ela. Outros podem estar ansiosos para experimentar, mas não ter certeza de como fazê-lo sem comprometer a integridade ou a profundidade.

Nesse contexto, o desenvolvimento do corpo docente torna-se essencial. As instituições devem oferecer oportunidades para que os educadores aprendam sobre IA de maneiras tecnicamente precisas e espiritualmente fundamentadas. Oficinas, grupos de leitura e comunidades de aprendizagem do corpo docente podem oferecer espaços para explorar como as ferramentas de IA funcionam, quais podem ser seus usos pedagógicos e onde residem seus perigos. Tais programas devem incluir não apenas demonstrações de ferramentas emergentes, mas também reflexões teológicas e éticas sobre o significado dessas ferramentas para a vocação docente.

Os docentes devem ser equipados não apenas com informações, mas também com estruturas para o discernimento. Devem ser incentivados a se perguntar: Esta tecnologia apoia o tipo de aprendizagem que desejo cultivar? Promove o crescimento dos alunos em sabedoria, integridade e compaixão? Alinha-se com a missão da instituição e com o espírito da tradição em que ensinamos? Uma formação que integre a alfabetização técnica com a reflexão moral será muito mais frutífera do que abordagens que tratam a IA apenas como um novo gadget ou um desafio administrativo.

Políticas são outra área crítica da estratégia institucional. As escolas devem elaborar diretrizes claras e acessíveis sobre o uso apropriado da IA no trabalho acadêmico. Essas políticas devem articular quando e como os alunos podem usar ferramentas de IA, como esse uso deve ser citado ou reconhecido e o que constitui uso indevido ou desonestidade. As políticas também devem reconhecer a complexidade do uso da IA — por exemplo, distinguindo entre usar a IA para correção gramatical básica e usá-la para gerar redações completas. Proibições gerais podem ser fáceis de escrever, mas difíceis de aplicar, e podem impedir o engajamento consciente com ferramentas que, quando usadas adequadamente, poderiam aprimorar a aprendizagem.

Boas políticas também incluem orientação proativa. Instituições podem desenvolver páginas de recursos, modelos de linguagem para tarefas e sugestões de conteúdo programático que esclareçam as expectativas sem receio ou ambiguidade. Os docentes não devem ter que inventar esses recursos do zero. Tampouco devem monitorar o uso da IA isoladamente. *Uma resposta institucional coordenada — entre os setores acadêmico, vida estudantil, bibliotecas e TI — é essencial.*

Além disso, a política deve ser formulada não apenas em termos legais ou punitivos, mas em termos que reflitam a missão institucional. Uma política fundamentada em uma visão de formação, hospitalidade, veracidade e responsabilidade compartilhada repercutirá mais profundamente do que uma formulada apenas em termos de conformidade. Tal linguagem se baseia nas mesmas fontes que inspiram o ensino e a adoração: o chamado para viver honestamente, o imperativo de amar o próximo com integridade e a crença de que aprender é um dever sagrado.

Além do treinamento do corpo docente e das políticas formais, as instituições devem levar em conta a cultura mais ampla na qual a tecnologia é discutida, implantada e discernida. A discussão sobre IA ocorre apenas em comitês técnicos ou escritórios de TI, ou faz parte de reuniões do corpo docente, discussões na capela e planejamento estratégico? Os alunos estão sendo convidados a refletir sobre como a IA molda seus hábitos de aprendizagem, sua autocompreensão, sua vida de oração ou sua imaginação moral? Os funcionários e administradores estão sendo apoiados na reflexão sobre como essas ferramentas afetam a orientação, a mentoria e os serviços estudantis?

Uma cultura institucional espiritualmente informada não tratará a IA como uma ferramenta neutra. Nem responderá com pânico ou passividade. Em vez disso, abordará este momento como uma oportunidade de discernimento coletivo. As escolas podem realizar fóruns comunitários sobre tecnologia e vocação, trazer palestrantes convidados para questionar suposições ou convidar professores e alunos a compartilhar histórias de sucesso e dificuldades no uso da IA. Essas conversas cultivam um clima em que perguntas são bem-vindas e a sabedoria é compartilhada.

Nesse tipo de cultura, *a experimentação é incentivada, mas a responsabilização é preservada.* Professores podem ser convidados a testar tarefas integradas à IA, com reflexão estruturada e feedback dos alunos. Escritórios de avaliação podem explorar como a IA afeta os resultados e o engajamento. Capelanias ou escritórios de vida espiritual podem sediar discussões teológicas sobre aprendizado de máquina, personalidade humana e justiça digital. O objetivo não é uniformidade, mas coerência: um compromisso diverso, mas compartilhado, de usar a tecnologia de maneiras que apoiem o florescimento de alunos e comunidades.

A liderança desempenha um papel decisivo na formação dessa postura institucional. Reitores, reitores, decanos e chefes de departamento devem não apenas autorizar políticas, mas também incorporar a visão. Devem estar dispostos a falar publicamente sobre os desafios éticos que a IA apresenta, a investir em desenvolvimento profissional e a modelar o tipo de humildade e curiosidade que caracteriza uma comunidade de aprendizagem. Devem também reconhecer que a IA não afetará apenas o ensino e a aprendizagem, mas também a captação de recursos, as admissões, as comunicações estratégicas e o planejamento de longo prazo. A liderança deve ser abrangente e fundamentada.

Por fim, as instituições devem pensar a longo prazo. A IA não é uma tecnologia única, mas um campo em evolução. Novos modelos surgirão, os cenários regulatórios mudarão e as expectativas dos alunos mudarão. As escolas devem estabelecer processos de revisão contínua, grupos de trabalho interdisciplinares para inovação e ética e parcerias com outras instituições que enfrentam questões semelhantes. Devem investir em pesquisa, apoiar o desenvolvimento acadêmico público em IA e teologia e construir uma memória institucional que possa guiar as gerações futuras.

As tradições espirituais que sustentam muitas dessas instituições oferecem recursos para essa reflexão sustentada. Elas nos lembram que a sabedoria leva tempo, que o discernimento é uma tarefa comunitária e que nossas ferramentas devem sempre servir aos nossos valores mais profundos — e não o contrário. *O futuro da educação teológica na era da IA não será moldado apenas pelo que sabemos, mas por como escolhemos agir — com integridade, imaginação e esperança.*

O próximo capítulo aborda esse futuro mais diretamente. O que pode significar reimaginar a educação com raízes espirituais à luz dessas tecnologias emergentes? Como a IA pode convidar — e não apenas ameaçar — novas formas de formação, colaboração e conexão global?

Capítulo 12
Reimaginando a educação com IA

A inteligência artificial tem sido frequentemente enquadrada como uma ameaça à educação — como uma força que substituirá professores, corroerá a integridade e nivelará a aprendizagem à eficiência mecânica. Essas preocupações não são infundadas. No entanto, são apenas parte da história. *O desafio — e a oportunidade — mais profundos não é meramente gerenciar a IA, mas imaginar com ela.* Para instituições moldadas por tradições de sabedoria, formação espiritual e investigação moral, a tarefa não é se conformar à mudança tecnológica, mas liderar dentro dela. *Isso requer visão: não controle reativo, mas discernimento criativo.*

Este capítulo considera como a inteligência artificial pode convidar a uma reimaginação da própria educação — suas práticas, estruturas, propósitos e alcance global. Não nega os riscos que a IA representa. Em vez disso, questiona o que se torna possível quando as ferramentas de automação e ampliação são colocadas a serviço da transformação. E se a IA não fosse uma substituta para a educação, mas sim uma companheira de seus objetivos mais profundos?

Um ponto de partida é a pedagogia. Os modelos tradicionais de educação frequentemente se baseavam em horários fixos, entrega uniforme e avaliação padronizada. Essas estruturas têm servido bem às instituições, mas também deixaram muitos alunos para trás — aqueles com diferentes estilos de aprendizagem, origens linguísticas ou obrigações profissionais e familiares. As ferramentas de IA agora oferecem a possibilidade de ambientes de aprendizagem personalizados e adaptáveis, nos quais os alunos recebem suporte adaptado ao seu ritmo, contexto e conhecimento prévio. Um aluno com dificuldades com terminologia teológica pode receber definições simplificadas, leituras estruturadas ou explicações em tempo real. Outro aluno com profundo conhecimento em um assunto pode receber comentários avançados, tradições paralelas ou desafios integrativos.

Essa adaptabilidade pode ser especialmente poderosa em salas de aula globais ou multilíngues. Ferramentas de tradução, sumarização e multimídia baseadas em IA podem tornar palestras, leituras e discussões acessíveis além das fronteiras linguísticas. Um seminarista em Nairóbi pode estudar com um colega em São Paulo, lendo um místico do século IV e um poeta do século XXI, auxiliados por ferramentas de IA que unem suas línguas e conectam seus contextos. Dessa forma, a educação se torna não apenas mais inclusiva, mas também mais interligada — refletindo a diversidade e a unidade do corpo que busca servir.

O design curricular também pode ser reinventado. Com a capacidade da IA de organizar e visualizar grandes volumes de conhecimento, os educadores podem criar mapas dinâmicos de conteúdo teológico, histórico e ético. Esses mapas podem mostrar como as doutrinas se desenvolvem, como os temas bíblicos se repetem entre culturas e como as práticas espirituais emergem e se adaptam ao longo do tempo. Os alunos podem explorar essas redes interativamente, traçando seus próprios caminhos, fazendo suas próprias perguntas e contribuindo com seus próprios insights. Essa abordagem vai além da recepção passiva em direção à construção ativa de significado.

Os instrutores, em vez de servirem principalmente como distribuidores de conteúdo, tornam-se curadores de ambientes de aprendizagem, mentores de discernimento e facilitadores de diálogo. Eles guiam os alunos não apenas através dos assuntos, mas em direção à sabedoria. A IA, neste modelo, torna-se uma ferramenta não de controle, mas de possibilidade — liberando tempo, expandindo o acesso e enriquecendo o engajamento.

A IA também possibilita novos modos de aprendizagem colaborativa. Os alunos podem cocriar comentários anotados, compartilhar reflexões devocionais vinculadas a textos bíblicos ou construir arquivos coletivos de movimentos de justiça e respostas teológicas. Esses projetos compartilhados podem abranger instituições, idiomas e disciplinas, formando redes de investigação que refletem as primeiras comunidades epistolares — unidas não apenas pela geografia, mas pela devoção compartilhada à verdade e ao amor.

Na pesquisa, a IA pode auxiliar na descoberta de vozes frequentemente ignoradas — textos não traduzidos, tradições sub-representadas, padrões não reconhecidos por métodos convencionais. Acadêmicos podem usar a IA para trazer à tona sermões negligenciados, comparar metáforas espirituais ao longo dos séculos ou traçar temas éticos em contextos culturais díspares. Quando combinadas com a revisão ética e a reflexão teológica, essas ferramentas podem não apenas promover o conhecimento acadêmico, mas também democratizá-lo.

Até a formação em si pode ser aprimorada — e não substituída — pelo uso cuidadoso da IA. Sugestões de diário guiadas, exercícios espirituais personalizados e acesso multilíngue a orações e práticas antigas podem ajudar os alunos a integrar seu aprendizado à vida interior. A IA não pode formar a alma. Mas pode ajudar os alunos a se aprofundarem nas questões da alma, se usada com sabedoria.

Institucionalmente, a IA convida a repensar não apenas a pedagogia, mas também a missão. As escolas podem expandir seu alcance para além dos programas de graduação convencionais, oferecendo aprendizagem modular, educação comunitária e recursos espirituais para populações carentes. Elas podem firmar parcerias com igrejas, ONGs e movimentos globais para compartilhar conhecimento, desenvolver capacidades e aprender juntos. Em uma era de crescente desigualdade e urgência ecológica, a IA pode permitir que as instituições se tornem mais ágeis, mais responsivas e mais proféticas — menos limitadas por sistemas legados, mais abertas à colaboração e à inovação.

No entanto, essa reimaginação deve permanecer fundamentada. A IA não deve se tornar uma nova forma de império, replicando estruturas de dominação por meios digitais. Ela deve ser guiada por compromissos com a justiça, a verdade e a solidariedade. Deve ser moldada pelas vozes daqueles que estão à margem e prestar contas às comunidades que busca servir. Por essa razão, a tarefa de reimaginar a educação não é primariamente técnica. É espiritual.

Educadores, administradores, estudantes e comunidades devem se unir para perguntar: Que tipo de formação é necessária para o nosso tempo? Que tipo de conhecimento cura? Que tipo de comunidade reflete o caráter dAquele que nos chama para ensinar, aprender e viver em amor? Essas não são perguntas que a IA pode responder. Mas são perguntas que a IA pode nos ajudar a buscar, se a utilizarmos com a mesma atenção que dedicamos à sala de aula, ao texto e ao rosto do nosso próximo.

Essa visão não exige o abandono da tradição. Pelo contrário, ela se inspira nas mesmas fontes que sempre animaram a educação teológica: os textos sagrados, a sabedoria dos mais velhos, o testemunho dos santos, o anseio do coração. Pede apenas que permaneçamos abertos — que não temamos a mudança mais do que a irrelevância, e que não cultuemos a novidade mais do que amemos o bem.

A inteligência artificial não é o futuro da educação. Mas fará parte dele. O futuro permanece humano, relacional e espiritualmente vivo. Permanece, no sentido mais profundo, um mistério — um mistério que não deve ser controlado, mas que deve ser adentrado com reverência, esperança e coragem.

O próximo capítulo se voltará para aqueles que já trilham esse caminho: educadores e instituições que experimentam IA de maneiras reflexivas, fundamentadas e criativas. Suas histórias oferecem não apenas cautela, mas também inspiração, mostrando o que é possível quando sabedoria e imaginação trabalham juntas a serviço do aprendizado.

Capítulo 13
Estudos de caso e vozes do campo

Os capítulos anteriores ofereceram reflexões teológicas, estruturas pedagógicas e orientações institucionais para o uso da inteligência artificial na educação espiritualmente moldada. No entanto, a teoria precisa ser testada pela prática. Em escolas, seminários e comunidades de aprendizagem, educadores já estão experimentando a IA — não como um substituto para a formação, mas como um parceiro nela. Eles estão inovando, tropeçando, aprendendo e imaginando o que pode ser possível quando a sabedoria guia a tecnologia.

Este capítulo oferece uma seleção de estudos de caso e vinhetas de educadores e instituições que exploram o uso da IA em ambientes com raízes espirituais. Esses exemplos não pretendem ser modelos a serem replicados acriticamente. Em vez disso, servem como iniciadores de conversas, janelas para a prática e testemunhos da criatividade e do cuidado que animam este trabalho.

Ensinando com diálogo assistido por IA: uma sala de aula nos Salmos

Em uma pequena faculdade de teologia no Centro-Oeste americano, uma professora de poesia hebraica reformulou seu curso "Salmos e a Vida de Oração" para incorporar parceiros de diálogo baseados em IA. Os alunos receberam salmos específicos — lamentos, louvores, textos de sabedoria — e a tarefa de elaborar textos reflexivos a partir da voz de um adorador antigo. Para apoiar a imaginação histórica, os alunos usaram uma ferramenta de IA treinada com textos e comentários bíblicos para simular o diálogo entre o salmo designado e uma voz contemporânea de protesto, pesar ou louvor.

O professor relatou que, embora a IA às vezes suavizasse as nuances, ela também estimulava os alunos a fazer perguntas mais elaboradas. Eles debateram se as máquinas poderiam "rezar", refletiram sobre a diferença entre recitar e crer e exploraram como o lamento funciona de forma diferente quando emitido por uma máquina e por uma pessoa que sofreu. O objetivo nunca foi permitir que a IA interpretasse o texto em nome do aluno, mas sim servir como um contraste reflexivo. O resultado não foi apenas o aprimoramento das habilidades exegéticas, mas também um envolvimento mais profundo com as dimensões espirituais e emocionais dos Salmos.

Redesenhando a Avaliação em um Programa de Homilética

Em um seminário na África Oriental, o corpo docente estava preocupado com a crescente dependência de sermões gerados por IA. Os instrutores constataram que os alunos estavam apresentando esboços homiléticos que refletiam os resultados dos modelos de IA — com estrutura limpa, mas pouca profundidade, ressonância local ou teologia vivenciada.

Em vez de responder de forma punitiva, o corpo docente decidiu reestruturar o projeto final. Os alunos agora deveriam pregar seus sermões em ambientes comunitários (igrejas, centros de refugiados ou cooperativas agrícolas) e, em seguida, apresentar um trabalho reflexivo que documentasse o processo: pesquisa contextual, fundamentação bíblica e teológica, respostas dos ouvintes e crescimento pessoal.

A IA foi permitida, mas apenas como uma ferramenta reconhecida durante o brainstorming. Os alunos que usaram a IA para esboçar ideias tiveram que explicar como revisaram ou rejeitaram suas sugestões. Os sermões resultantes foram mais fundamentados, menos estereotipados e muito mais transformadores. Os instrutores notaram um retorno à preparação espiritual, à escuta relacional e ao discernimento contextual — o que um membro do corpo docente descreveu como "pregação de verdade novamente".

IA na Pesquisa: Amplificando Vozes Sub-representadas

Um docente de um instituto teológico no Brasil utilizou IA para realizar análises textuais em centenas de ensaios sobre a teologia da libertação, muitos deles anteriormente indisponíveis em inglês. O objetivo do projeto era rastrear o surgimento de temas ecológicos na reflexão teológica de 1970 até o presente.

Ferramentas de tradução e agrupamento assistidas por IA permitiram ao pesquisador identificar padrões, revelar vozes menos conhecidas e publicar uma bibliografia anotada multilíngue. Embora o pesquisador tenha revisado todas as traduções manualmente e rejeitado interpretações automáticas que distorceram o tom original, ele relatou que a IA permitiu que acessasse muito mais material do que seria possível sem ajuda.

O projeto não eliminou o papel do pesquisador — apenas o expandiu. A IA serviu como uma lanterna, não como um guia. Seu valor não residia em substituir a interpretação, mas em abrir espaço para um engajamento mais fiel com a amplitude da tradição.

Formação do corpo docente: construindo uma coorte de aprendizagem

Em uma escola de teologia no Sudeste Asiático, um reitor acadêmico lançou um grupo de professores de

IA com duração de um ano. O programa reuniu professores de estudos bíblicos, teologia pastoral, ética e liturgia para aprender como as ferramentas de IA podem aprimorar — ou dificultar — seu trabalho.

O grupo se reunia mensalmente, explorando uma lista de leitura compartilhada, testando ferramentas educacionais e refletindo sobre implicações teológicas. Algumas sessões apresentavam demonstrações de IA na concepção curricular; outras convidavam à reflexão sobre personalidade, corporeidade e comunidade na era digital. Os docentes eram incentivados a experimentar pequenas coisas: um glossário gerado por IA aqui, um diálogo interativo ali.

Ao final do ano, cada docente apresentou uma "declaração pessoal de ensino de IA" e um programa revisado incorporando seu aprendizado. Mais do que as ferramentas em si, os participantes valorizaram o espaço para diálogo, compartilhamento de medos e reflexão ética. Como observou um professor: "O verdadeiro presente foi a permissão para não saber — e para imaginar juntos".

Práticas Espirituais Digitais e Formação Global

Um programa de formação ecumênica que atende estudantes dispersos pela diáspora africana introduziu um módulo digital de práticas espirituais com suporte de IA. Os alunos puderam participar de orações guiadas, receber reflexões contextualizadas das Escrituras em suas línguas maternas e criar um calendário litúrgico pessoal baseado em diversas tradições.

Ferramentas de IA auxiliaram na adaptação dos recursos devocionais à agenda, foco ou estilo de oração do aluno, oferecendo breves leituras matinais, insights históricos ou sugestões para registro no diário. Embora todo o conteúdo fosse avaliado pelo corpo docente, os alunos tiveram um papel significativo na definição do seu ritmo devocional. O feedback dos alunos foi extremamente positivo. Eles descreveram sentir-se mais conectados à igreja em geral, mais enraizados na prática diária e mais apoiados em momentos de estresse.

O corpo docente deixou claro que a IA não poderia formar o caráter, mas poderia promover a atenção. Como observou um diretor de formação: *"O Espírito se move no silêncio. Mas, às vezes, a IA nos ajuda a lembrar de abrir espaço para ele."*

Esses estudos de caso não oferecem uma conclusão única. Alguns apontam para o poder da IA em expandir o acesso, outros para sua capacidade de provocar questionamentos éticos ou incentivar a reformulação pedagógica. Juntos, eles sugerem que o engajamento com a IA não precisa ser defensivo ou superficial. Quando abordadas com humildade, coragem e criatividade, essas ferramentas podem se tornar aliadas no longo trabalho de educação e formação.

Para isso, no entanto, é preciso que instituições e educadores mantenham claro seu propósito. A IA não é uma resposta. É um acelerador. Ela amplifica o que já está presente — em nossa pedagogia, nossos valores, nossas esperanças e nossos medos. Se quisermos que nossos alunos se tornem sábios, verdadeiros e compassivos, precisamos cultivar essas mesmas qualidades em nós mesmos e nos sistemas que construímos.

Parte IV
Engenharia Rápida
O que faz a IA funcionar bem

Capítulo 14
Incentivando com propósito
Fundamentos para o uso teológico da IA

A inteligência artificial está transformando a maneira como pensamos, escrevemos, pesquisamos e ensinamos. Embora muitos na educação teológica estejam, com razão, cautelosos com essas mudanças, outros estão começando a reconhecer que a IA, quando usada com sabedoria e integridade, pode se tornar uma companheira valiosa na busca pela verdade. Entre as habilidades mais significativas que emergem nesse cenário está a engenharia da prontidão — a capacidade de se comunicar eficazmente com ferramentas de IA por meio de perguntas e instruções bem elaboradas.

A engenharia rápida não é meramente técnica. É uma forma de investigação teológica. Fazer boas perguntas é buscar clareza, curiosidade e discernimento — virtudes cultivadas há muito tempo nas tradições teológicas. Assim como a reflexão teológica é moldada pela forma como se formula uma pergunta — seja ela doutrinária, bíblica, pastoral ou ética —, a qualidade de uma resposta gerada por IA também depende de como a pergunta é construída.

Este capítulo foi escrito para educadores, pesquisadores, estudantes e líderes em instituições teológicas que desejam utilizar ferramentas de IA de forma fiel e prática. Não oferece uma visão geral teórica da inteligência artificial, mas um guia prático para elaborar melhores propostas para o trabalho de estudo, ensino, escrita e formação teológica.

Por que a engenharia rápida é importante no trabalho teológico

A inteligência artificial pode auxiliar a educação teológica mais profundamente em dois momentos cruciais: no início de um projeto e no seu final.

No início, a IA pode ajudar a estimular a curiosidade, mapear um campo de investigação, revelar conexões ocultas e organizar ideias iniciais. Com algumas sugestões bem elaboradas, é possível gerar uma variedade de perguntas, comparar posições entre tradições ou visualizar como uma doutrina como a encarnação se cruza com temas como corporificação, sofrimento e justiça.

Ao final de um projeto, a IA pode atuar como revisora e refinadora. Ela pode destacar lacunas na argumentação, sugerir melhorias nas transições, ajudar a esclarecer frases teológicas e até mesmo verificar a consistência do tom — oferecendo um espelho que ajuda o escritor a polir o que já foi cuidadosamente composto.

Em ambos os casos, o usuário permanece responsável. A IA não pode decidir o que importa. Ela não pode orar, interpretar as escrituras pela ótica da fé ou compreender o significado espiritual de um argumento teológico. Mas pode servir como uma ferramenta responsiva, flexível e imensamente capaz para aqueles comprometidos com a profundidade teológica e a excelência educacional.

A anatomia de um bom prompt

A engenharia de prompts depende da clareza das instruções, do contexto e do propósito. Um prompt bem construído geralmente contém quatro elementos-chave:

Instrução – Qual é a tarefa?

Contexto – Qual é o tópico, assunto ou gênero?

Restrições – Quais limitações ou especificações devem orientar a saída?

Perspectiva ou função – De que voz, contexto ou lente disciplinar a IA deve responder?

Quanto mais bem elaborada for a sugestão, mais útil será a resposta. Abaixo, exemplos específicos que demonstram esses princípios em ação, adaptados a tarefas comuns na educação teológica.

Exemplo 1: Interpretação Bíblica – Sugestão Ampla vs. Sugestão Específica

Prompt básico:

"Explique o livro do Apocalipse."

Prompt aprimorado:

"Como um estudioso da Bíblia escrevendo para um público de seminário, resuma os principais temas teológicos do Livro do Apocalipse em 300 palavras, com atenção especial às imagens apocalípticas e ao encorajamento pastoral."

Explicação:

O prompt aprimorado inclui um papel (estudioso bíblico), um público claro (seminário), uma tarefa (resumir), uma restrição (300 palavras) e um foco (temas, imagens, incentivo). Essa especificidade ajuda a evitar resultados genéricos ou sensacionalistas.

Exemplo 2: Comparação Doutrinária – Incentivo à Análise

Prompt básico:

"Compare as teorias da expiação."

Prompt aprimorado:

Compare as teorias da substituição penal e da influência moral da expiação em 500 palavras. Apresente cada visão de forma justa e inclua um teólogo histórico associado a cada uma delas.

Explicação:

Ao solicitar imparcialidade, contagem de palavras e exemplos históricos, o prompt direciona a IA para conteúdo estruturado e comparativo, adequado para uso acadêmico.

Exemplo 3: Aplicação Ética – Incitação Contextual

Prompt básico:

"O que a Bíblia diz sobre justiça?"

Prompt aprimorado:

Da perspectiva da literatura profética do Antigo Testamento, descreva como o conceito de justiça é estruturado em Amós e Miquéias. Limite seu resumo a 250 palavras e enfatize as implicações para a ética econômica atual.

Explicação:

Este prompt fornece foco temático claro (profetas), escopo (Amós e Miquéias) e aplicação (ética econômica), tornando a resposta muito mais útil em sala de aula ou na preparação de sermões.

Exemplo 4: Teologia Patrística – Sugestão para Síntese Histórica

Prompt básico:

"Quem é Agostinho?"

Prompt aprimorado:

Resuma a visão de Agostinho sobre a graça e o livre-arbítrio, conforme apresentada em seus escritos contra Pelágio. Use um tom adequado para estudantes de pós-graduação em teologia e mantenha a explicação em menos de 400 palavras.

Explicação:

A tarefa é historicamente localizada, o tema (graça e livre-arbítrio) é especificado, e o público e o tom são definidos.

Exemplo 5: Adaptação Estilística e Devocional

Solicitação de ajuste de tom estilístico:

"Reescreva este parágrafo para torná-lo mais meditativo e adequado para uma reflexão devocional, mantendo as ideias teológicas intactas."

Solicitação de mudança de público:

"Simplifique esta explicação sobre pericorese para uso em uma aula de educação para adultos leigos."

Explicação:

Esses prompts pedem que a IA ajuste não o conteúdo, mas o estilo, o tom e a acessibilidade — cruciais para o ensino e a formação em todos os contextos.

Exemplo 6: Refinamento Iterativo

Muitas vezes, as melhores respostas surgem por meio de uma série de prompts, e não de um único. Por exemplo:

Etapa 1: "Descreva cinco temas teológicos principais no Evangelho de Lucas".

Etapa 2: "Expanda o terceiro tema em um parágrafo completo com referências bíblicas".

Etapa 3: "Resuma esse parágrafo em uma frase para usar na introdução de um sermão."

Essa estratégia iterativa reflete o fluxo real da escrita e formação acadêmica: explorar, aprofundar, destilar.

A engenharia de prompts não se trata de encontrar o prompt perfeito. Trata-se de cultivar hábitos de questionamento, refinamento e repensar. Esses também são hábitos teológicos. Quando elaboramos prompts melhores, aprendemos não apenas a usar uma máquina com mais eficácia, mas também a pensar com mais clareza, escrever com mais honestidade e ensinar com mais atenção.

Os capítulos a seguir se basearão nessa base, percorrendo passo a passo as principais atividades da educação e pesquisa teológica — escrita, edição, ensino e formação — cada uma com suas próprias estratégias de incentivo, exemplos e melhores práticas.

Capítulo 15
Solicitação de Pesquisa e Escrita Teológica

A engenharia de prompts pode ser uma das ferramentas mais poderosas à sua disposição na pesquisa teológica. Bem utilizada, ela ajuda a gerar perguntas, comparar pontos de vista, envolver textos e delinear argumentos com clareza e profundidade teológica.

Quer você esteja na fase de brainstorming ou refinando a estrutura da sua tese, o segredo está em como você pergunta. Este capítulo oferece estratégias de estímulo prontas para uso, ideais para um trabalho teológico real.

Solicitação para gerar perguntas de pesquisa

Quando você está apenas começando, boas dicas podem ajudar você a passar de interesses vagos para questões teológicas mais focadas.

Experimente prompts como:

"Liste 5 questões teológicas relacionadas ao tema da esperança em Romanos."

"Gere 3 questões de pesquisa sobre a doutrina da criação em contextos teológicos africanos."

"Quais são algumas questões teológicas pouco exploradas em Lucas-Atos?"

Melhores práticas:

Inclua sua tradição ou contexto (por exemplo, "teologia da libertação", "fontes patrísticas")

Limitar o escopo: focar em textos ou doutrinas específicas

Peça uma variedade de perspectivas

Incentivando a Comparação de Visões Teológicas

Comparar posições teológicas é um componente essencial da escrita acadêmica. Use prompts que forcem a IA a estruturar a comparação de forma criteriosa.

Exemplos:

Compare as visões de Agostinho e Pelágio sobre graça e livre-arbítrio. Inclua referências bíblicas.

"Como Martinho Lutero e João Wesley diferem em sua compreensão da santificação?"

"Crie um gráfico comparando três principais teorias de expiação: substituição penal, influência moral e *Christus Victor*."

Pontas:

Peça justiça: "Apresente cada ponto de vista objetivamente"

Incluir dimensões históricas, pastorais ou doutrinárias

Considere perguntas de acompanhamento como: "Qual visão é mais prevalente na homilética moderna?"

Solicitação para resumir textos clássicos

Obras teológicas densas podem ser difíceis de digerir. Use lembretes para extrair os argumentos principais e, em seguida, esclarecê-los para o seu público.

Exemplos:

"Resuma o argumento principal do *Cur Deus Homo de Anselmo* em 250 palavras para um estudante de pós-graduação."

"Qual é o ensinamento central do Discipulado de Bonhoeffer sobre a graça custosa?"

"Resuma os cinco caminhos de Aquino em linguagem acadêmica simples."

Refinamentos:

"Agora explique este resumo para um grupo de estudo bíblico adulto leigo."

"Cite três implicações pastorais da visão de Bonhoeffer sobre o discipulado."

Incentivo à simulação do diálogo acadêmico

Use prompts para criar contraste e debate. Isso é ótimo para preparar discussões em sala de aula, redações ou estruturação de pesquisas.

Exemplos:

"Apresente um debate entre Karl Barth e um teólogo processual sobre a imutabilidade divina."

"Resuma duas visões opostas sobre a ordenação de mulheres, usando argumentos teológicos e bíblicos."

"Você é um eticista católico do século XX. Responda a uma crítica à lei natural feita por um teólogo da libertação."

Estratégia avançada: (Criar uma cadeia de prompts)

"Resuma a visão de Barth sobre a revelação."

"Agora critique essa visão a partir de uma perspectiva teológica feminista."

"Proponha uma síntese que aborde ambas as preocupações."

Solicitação para criar e refinar contornos

É no esboço que a IA pode ajudar a dar forma às suas ideias dispersas. Incentive-a a sugerir uma estrutura — e depois adapte-a.

Exemplos:

"Crie um esboço detalhado para uma redação de 3.000 palavras sobre o Espírito Santo em Lucas-Atos."

" Organize um artigo comparando a teologia sacramental no Oriente e no Ocidente em 5 seções."

"Elabore um esboço de palestra sobre a justiça divina nos Profetas Menores."

Melhore com restrições:

"Inclua introdução e conclusão."

"Sugira 1–2 fontes principais para cada seção."

"Adicione uma pergunta para discussão para cada seção."

Incentivando a Exploração de Teologias a Partir de Perspectivas Globais e Marginalizadas

A IA pode ajudar a revelar perspectivas que às vezes são sub-representadas, se você a estimular com cuidado.

Exemplos:

"Liste 3 temas principais da teologia da libertação latino-americana."

"Como os teólogos africanos responderam ao Livro de Jó?"

"Resuma as interpretações feministas asiáticas do Magnificat."

Seja cauteloso:

Verifique os teólogos e fontes mencionados

Peça nomes, datas e citações que você mesmo pode acompanhar

Nunca trate a IA como uma fonte final – use-a como um indicador

Solicitando a Integração Interdisciplinar

A pesquisa teológica frequentemente se estende à ética, à filosofia e à ciência. A indução pode ajudar a gerar conexões criativas.

Exemplos:

"Como o conceito de imago Dei se relaciona com os debates atuais em ética da IA?"

"O que a ciência cognitiva pode contribuir para a teologia sacramental?"

"Liste 3 implicações da teologia ecológica para a pregação escatológica."

Sugestão de andaime bibliográfico (*use com cautela!*)

A IA pode sugerir fontes, mas frequentemente "alucina" ou inventa referências. Use-a para fazer brainstorming, não para citar.

Avisos seguros:

"Quais teólogos são comumente associados à teologia política?"

"Cite alguns pensadores recentes que escreveram sobre pneumatologia nas tradições pentecostais."

"Liste os principais livros que exploram a recepção transcultural do Evangelho de João."

Instruções de acompanhamento:

"Faça uma descrição de 1 a 2 frases do trabalho principal de cada teólogo sobre este tópico."

Importante: Sempre verifique cada citação ou fonte sugerida de forma independente.

Lembretes finais para estimular a pesquisa e a escrita

- Responda de forma clara e específica — não presuma que o modelo conhece o seu contexto
- Use instruções baseadas em funções para moldar a perspectiva: "Você é um eticista reformado..."
- Crie prompts iterativamente — pergunte, ajuste, aprofunde
- Use a IA para estimular, não substituir, seu próprio pensamento teológico
- Lembre-se: você é o teólogo. A IA é uma ferramenta, não um professor, nem um oráculo.

A seguir, abordaremos o outro lado do processo de escrita: como a engenharia de prompts pode ajudar você a revisar, refinar e aprimorar a escrita teológica, garantindo clareza, tom e coerência. A engenharia de prompts não serve apenas para brainstorming. Serve também para polir suas melhores ideias até que estejam prontas para serem ensinadas, pregadas ou publicadas.

Capítulo 16
Sugestão para Melhoria da Escrita e Comunicação Teológica

Uma vez redigida a pesquisa, o trabalho não está concluído — está apenas começando. Revisar textos teológicos envolve aprimorar a lógica, aprimorar a clareza, ajustar o tom e garantir que as ideias teológicas sejam comunicadas com fidelidade e eficácia. É aqui que a engenharia ágil pode brilhar.

A IA não consegue julgar a verdade, mas pode ajudar você a escrever de forma mais clara, precisa e convincente. Neste capítulo, você aprenderá a usar lembretes para melhorar a estrutura das frases, verificar o fluxo e as transições, revisar o tom e revisar o conteúdo teológico.

Solicitando clareza e legibilidade

Uma boa escrita teológica deve ser profunda, mas também clara. Use dicas para simplificar frases complexas, esclarecer ideias e eliminar jargões — sem perder a profundidade.

Experimente prompts como:

"Reescreva este parágrafo para torná-lo mais claro sem perder a precisão teológica."

"Simplifique esta explicação sobre pericorese para um aluno do segundo ano de seminário."

"Divida esta frase longa em duas menores, preservando o significado."

Exemplo:
Original:

"A visão escatológica de Isaías, enraizada em oráculos proféticos de restauração, antecipa uma reconciliação cósmica que resiste à redução ao dualismo apocalíptico."

Incitar:

"Simplifique isso para um leitor com formação teológica, mas não especialista."

Saída de IA (amostra):

A visão de Isaías sobre o fim dos tempos aponta para um mundo restaurado. Ela enfatiza a cura e a plenitude, sem cair numa narrativa simplista do bem contra o mal.

Solicitação para revisar o fluxo e a estrutura do parágrafo

Mesmo ideias bem formuladas podem parecer desconexas se as transições forem fracas. Use IA para analisar a ordem, a coerência e a estrutura dos parágrafos.

Exemplos:

Este parágrafo flui logicamente a partir do anterior? Sugira uma frase de transição, se necessário.

"Reorganize este parágrafo para enfatizar o ponto principal do argumento com mais clareza."

"Sugira uma maneira melhor de abrir esta seção."

Dica bônus: adicione "Explique seu raciocínio" ao seu prompt para aprender como a IA fez sua escolha — ótimo para ensino e aprendizagem.

Sugestão de tom: acadêmico, pastoral ou devocional

A teologia é escrita para diversos públicos. Use lembretes para ajustar o tom, mantendo o conteúdo intacto.

Tipos comuns de tons:

Acadêmico – claro, formal, referenciado
Pastoral – caloroso, prático, relacional
Devocional – meditativo, reflexivo, pessoal

Exemplos de prompts:

"Reescreva esta seção em um tom acadêmico para um periódico de teologia."

"Ajuste este parágrafo para que seja adequado a uma homilia na Sexta-feira Santa."

"Reformule isso em um tom mais contemplativo, apropriado para um guia devocional."

Exemplo de antes e depois:

Original (acadêmico):

"Os temas soteriológicos no Evangelho de Lucas refletem uma interação dinâmica entre arrependimento pessoal e libertação social."

Incitar:

"Faça com que isso tenha um tom mais pastoral para uso em um estudo bíblico."

Saída (amostra):

No Evangelho de Lucas, vemos como a obra salvadora de Deus transforma corações e cura comunidades. O perdão conduz à liberdade — tanto pessoal quanto social.

Sugestão para eliminar repetições e reforçar a linguagem

A repetição enfraquece a escrita. A IA pode ajudar a identificar redundâncias e refinar a formulação.

Dicas para tentar:
"Identifique ideias ou frases repetidas neste parágrafo e sugira edições."
"Torne esta seção mais concisa, mantendo o significado teológico."
"Reduza isso em 30% sem perder a nuance."

Exemplo de tarefa de edição:
Este parágrafo repete a mesma ideia sobre a graça três vezes. Sugira uma versão mais concisa.

Solicitando introduções e conclusões

A IA pode ajudar a pensar em aberturas e fechamentos mais fortes.

Sugestões para apresentações:
"Sugira uma introdução envolvente para um ensaio teológico sobre a Trindade."
"Escreva um gancho de duas frases para um artigo sobre a ética da não violência."

Sugestões para conclusões:
"Resuma o argumento e declare por que ele é importante para a teologia prática hoje."
"Sugira um parágrafo final que aponte para um estudo mais aprofundado em escatologia."

Solicitação de revisão e verificação de estilo

A IA pode verificar gramática, pontuação e consistência de voz, mas sempre verifique duas vezes.

Experimente prompts como:
Revise esta seção quanto à gramática e clareza. Mantenha um tom acadêmico formal.

"Há alguma inconsistência no tempo verbal ou frases pouco claras?"

" Verifique isso para voz passiva e sugira onde usar verbos ativos."

Atenção: Evite prompts do tipo "reescreva este texto inteiro", a menos que esteja revisando apenas por questões mecânicas. Sempre proteja sua própria voz teológica.

Solicitação para simular a recepção do público
Você pode usar prompts para imaginar como um leitor responderia. Isso é especialmente útil para textos em sala de aula, sermões ou ensaios públicos.

Dicas para tentar:
"Como um aluno do primeiro ano do seminário responderia a essa explicação da transcendência divina?"

"Que perguntas um leitor leigo pode ter depois de ler este parágrafo sobre eleição?"

"Que partes deste sermão podem parecer confusas ou muito acadêmicas?"

Solicitação de lembretes de citação e nota de rodapé
A IA pode não citar com precisão, mas pode lembrá-lo onde as citações são necessárias.

Avisos seguros:
"Sugira onde notas de rodapé podem ser adicionadas para apoiar essas alegações."

"Quais obras ou autores teológicos devem ser citados para apoiar as ideias deste parágrafo?"

"Liste três grandes teólogos que escreveram sobre este tópico para que eu possa dar continuidade."

Lembre-se: sempre verifique nomes, títulos e citações gerados por IA.

Dicas Finais de Sugestão para Revisão Teológica

- Use instruções curtas e específicas: um parágrafo de cada vez é o melhor.
- Peça à IA para explicar suas sugestões: " Por que você recomendou essa mudança? "
- Mantenha o controle sobre o tom e a voz — sua identidade teológica é importante.
- Não apague a complexidade; use prompts para esclarecer, não simplificar, seu argumento .
- Pratique a sobreposição de instruções: revise, revise, verifique novamente a coerência.

A IA não pode pensar por você, mas pode ajudar a fortalecer suas ideias, tornar sua escrita mais clara e sua comunicação teológica mais convincente. À medida que você continua a desenvolver sua voz como acadêmico, pregador ou professor, deixe que a engenharia de prontidão faça parte do seu kit de ferramentas de revisão — não para substituir o discernimento, mas para apoiá-lo.

Em seguida, nos voltaremos para a sala de aula e a comunidade: como estimular o ensino, a formação e o envolvimento dos alunos na educação teológica.

Capítulo 17
Sugestão para Ensino, Formação e Prática Teológica em Sala de Aula

A engenharia de prompts não serve apenas para pesquisa e escrita. Ela também abre oportunidades poderosas na sala de aula, no currículo e na formação espiritual dos alunos. *Quando usada com sabedoria, a IA pode ajudar educadores a criar materiais, treinar alunos em raciocínio teológico e modelar o discernimento em um mundo digital em rápida evolução* .

Este capítulo mostra como:

- Tarefas de design com IA em mente;
- Use prompts para gerar planos de aula, recursos de leitura e estudos de caso;
- Equipar os alunos para escrever e analisar prompts de forma crítica; e
- Cultive a reflexão teológica e o discernimento vocacional por meio de tarefas aprimoradas por IA.

Incentivando a criação de tarefas teologicamente ricas

A IA pode ajudar você a gerar ou refinar rapidamente tarefas adaptadas a diferentes níveis e objetivos de aprendizagem.

Experimente prompts como:

"Crie uma tarefa de 3 partes sobre a doutrina da criação para um curso de teologia de nível MDiv."

"Crie uma atividade em sala de aula explorando o uso de salmos de lamentação no cuidado pastoral."

"Sugira 3 questões dissertativas sobre o conceito do reino de Deus no Evangelho de Marcos."

Refinamentos:
Adicione objetivos de aprendizagem: "Inclua metas alinhadas com a taxonomia de Bloom".
Adicione métodos de avaliação: "Sugira uma rubrica de classificação para esta tarefa."
Sugestão de redação: "Compare e contraste duas interpretações teológicas de *kenosis* em Filipenses 2. Como cada uma delas pode moldar a compreensão de poder e humildade de uma comunidade?"
Estudo de caso: "Escreva um cenário em que um pastor deve responder à pergunta de um membro da congregação sobre o inferno, refletindo duas principais abordagens teológicas."

Incentivo à criação de planos de aula, palestras e guias
Deixe a IA ajudar com os primeiros rascunhos da preparação do curso, especialmente esboços, sugestões de leitura e formulação de perguntas.

Exemplos de prompts:
"Crie um esboço de palestra de 45 minutos sobre o desenvolvimento da doutrina trinitária na igreja primitiva."
"Escreva um conjunto de 5 perguntas para discussão sobre o Sermão da Montanha que se conectem a questões éticas contemporâneas."
"Crie um gráfico comparativo da teologia da aliança em Gênesis, Êxodo e Deuteronômio."

Pontas:
Pergunte sobre os resultados da aprendizagem: "O que os alunos devem entender ao final desta sessão?"

Solicitar à IA que defina a dificuldade: "Liste 3 perguntas de aquecimento e, em seguida, 2 desafios mais profundos."

Incentivo à construção de recursos de leitura e guias de estudo

Ajude os alunos a se envolverem profundamente com os textos usando guias gerados por IA que esclarecem, contextualizam e provocam discussões.

Exemplos:

"Resuma A Cruz e a Árvore do Linchamento, de James Cone, em 300 palavras para alunos do segundo ano de teologia."

"Liste os termos-chave do Castelo Interior de Teresa de Ávila e defina-os em linguagem acadêmica simples."

"Crie um guia de estudo para o Salmo 139 que destaque temas teológicos e aplicações pastorais."

Acompanhamentos opcionais:

"Agora adicione duas perguntas de reflexão para cada tema."

"Inclua uma breve oração ou exercício espiritual relacionado a esta leitura."

Solicitando a formação de alunos em engenharia rápida

Ensinar os alunos a elaborar, refinar e avaliar prompts os ajuda a pensar de forma mais clara e ética.

Metas de aprendizagem dos alunos:

Elabore melhores questões teológicas

Analisar criticamente as saídas de IA

Refletir sobre sua própria voz e autoridade como teólogos

Tarefas que funcionam:

Diários de sugestões: "Toda semana, registre duas sugestões que você usou em pesquisas e reflita sobre a utilidade delas."

Comparações de prompts: "Dê aos alunos duas versões de um prompt. Peça que comparem a qualidade das respostas."

Sugestão + crítica: "Peça à IA um resumo de Lutero sobre a justificação. Em seguida, peça aos alunos que avaliem a precisão teológica do resumo."

Exemplo de prática de prompt do aluno: "Solicite à IA que explique o Credo Niceno em 3 tons diferentes: (1) catequético, (2) acadêmico e (3) pastoral."

"Escreva um prompt pedindo 3 interpretações de Romanos 9. Depois, teste os resultados com comentários reais."

Incentivando o modelo de engajamento ético e formativo

Os educadores moldam a imaginação dos alunos mostrando que a IA é uma ferramenta para apoiar — não substituir — a formação.

No ensino, demonstre como:

Use a IA para explorar diversos pontos de vista, não para nivelar a complexidade

Incentive a aprofundar as perguntas, não a obter "a resposta"

Reconhecer vieses, lacunas ou resumos genéricos

Exemplos de prompts para modelar:
Liste três maneiras pelas quais a visão de Agostinho sobre o mal pode dialogar com a teologia do trauma hoje. Anote quaisquer limitações.

Como um teólogo reformado e um teólogo pentecostal poderiam responder de forma diferente a Atos 2? Mostre ambas as vozes de forma justa.

"Ofereça 2 reflexões pastorais sobre a ocultação divina que reflitam diferentes tradições espirituais."

Uso na formação espiritual:
"Crie uma reflexão sobre *kenosis* (Filipenses 2) no estilo de uma entrada de diário de oração."

"Liste 3 disciplinas espirituais que correspondem à teologia da hospitalidade no Evangelho de Lucas."

Sugestões de reflexão para os alunos:
"Como o uso da IA nesta tarefa afetou seu próprio aprendizado, sua voz ou sua confiança?"

"O que você acha que a IA entende — e não entende — sobre fé?"

Incentivando salas de aula diversificadas e engajamento intercultural
Para salas de aula diversas e globais, a engenharia rápida pode ajudar a contextualizar o conteúdo e abrir novos diálogos.

Sugestões para adaptar leituras:
"Reescreva esta definição de justificação para alunos de ESL em um curso de redação teológica."

"Resuma este artigo em francês e inclua um glossário de termos-chave."

Liste 3 teólogos africanos ou asiáticos que escreveram sobre o Espírito Santo. Resuma brevemente suas opiniões.

Sugestões para teologia comparada:
Compare a doutrina da criação no pensamento ortodoxo, indígena e islâmico. Observe as áreas de sobreposição e diferença.
"Gerar perguntas para o diálogo inter-religioso sobre a dignidade humana e a imagem de Deus."

Dicas finais de ensino para manter em mente
- Use instruções para expandir — não achatar — a imaginação teológica dos seus alunos;
- Convidar a IA para dar suporte a caminhos de aprendizagem personalizados e acesso multilíngue;
- Trate a elaboração de prompts como um exercício de clareza, humildade e curiosidade;
- Use o tempo de aula para análise crítica da produção da IA — não apenas do uso da IA; e
- Treine os alunos para incitar com convicção e avaliar com cuidado.

A IA agora faz parte da sala de aula teológica. A questão não é se ela será usada, mas como. A engenharia rápida nos permite moldar seu papel, incentivar a formação por meio do diálogo e ensinar com inovação e integridade.

Com o uso cuidadoso, a IA deixa de ser uma ameaça e se torna uma ferramenta para educadores teológicos, expandindo o acesso, convidando à reflexão e ajudando a próxima geração a fazer perguntas mais perspicazes na busca pela sabedoria.

Gostaria de um banco de tarefas baseado em prompts ou um esboço de workshop de desenvolvimento de professores baseado neste capítulo? Ou devemos agrupá-lo em um kit de ferramentas de ensino para complementar o rascunho completo do livro?

Apêndice
Exemplo de Política Institucional de IA
para Educação Teológica

Propósito
Esta política descreve o uso adequado de ferramentas de inteligência artificial (IA) no trabalho acadêmico e na vida institucional. Ela reflete o compromisso da instituição com a integridade acadêmica, a formação espiritual, a confiança comunitária e a excelência educacional em um cenário tecnológico em rápida evolução.

1. Valores Orientadores
Nossa instituição afirma que:
A tecnologia é uma ferramenta a ser usada a serviço da sabedoria, não um substituto para a percepção humana ou o discernimento espiritual.
O trabalho acadêmico deve refletir o engajamento, a voz e o crescimento autênticos do aluno.
A formação é relacional, reflexiva e incorporada; a IA não deve substituir a presença essencial do professor, do aluno e da comunidade.

2. Uso da IA pelos alunos
a. Usos permitidos
Os alunos podem usar ferramentas de IA (por exemplo, ChatGPT, Grammarly, ferramentas de tradução) para brainstorming, correção gramatical, resumo de conteúdo de fundo ou assistência de formatação, a menos que haja restrição em contrário pelo instrutor do curso.

Os alunos devem reconhecer qualquer uso significativo de IA na conclusão de tarefas (consulte a Seção 5).

b. *Usos Proibidos*

Enviar trabalho gerado por IA como se fosse seu, sem revisão, citação ou permissão do instrutor.

Usar IA para concluir avaliações projetadas para avaliar pensamento original, interpretação ou reflexão (por exemplo, ensaios, sermões, reflexões teológicas) sem aprovação explícita.

Utilizar IA para burlar objetivos de aprendizagem ou enganar instrutores sobre a natureza do envolvimento dos alunos.

3. Uso de IA pelo corpo docente

Os professores são incentivados a explorar o potencial pedagógico das ferramentas de IA, incluindo:

- Melhorar a acessibilidade ou diferenciação nos materiais do curso.
- Gerando conteúdo de ensino suplementar.
- Apoiar o design ou a tradução do currículo.

Os professores devem modelar o uso transparente e ético da IA e divulgar o uso da IA no design do programa, na criação de tarefas ou nos processos de feedback, quando relevante.

4. Responsabilidades Institucionais

A instituição oferecerá oportunidades contínuas de desenvolvimento do corpo docente para que se envolvam com a IA de forma crítica e criativa.

Recursos, exemplos de linguagem do programa e workshops para alunos serão disponibilizados para incentivar o envolvimento consistente, transparente e alinhado aos valores da IA.

Os responsáveis ou comitês de integridade acadêmica revisarão esta política anualmente, à luz das mudanças tecnológicas e do feedback da comunidade.

5. Diretrizes de Divulgação

Quando alunos ou professores usam IA no desenvolvimento de conteúdo acadêmico ou instrucional, eles devem divulgar o uso com uma declaração clara, como:

> Partes desta tarefa foram geradas ou auxiliadas por [nome da ferramenta], incluindo ajuda com [por exemplo, resumo, estrutura do esboço, sugestões gramaticais]. Todo o conteúdo foi revisado e editado para refletir meu próprio entendimento.

A divulgação é obrigatória sempre que a IA contribui substancialmente para a forma ou o conteúdo do trabalho. A não divulgação pode ser tratada como uma violação da integridade acadêmica.

6. Violações e Responsabilidade

Violações desta política serão tratadas por meio dos procedimentos de honestidade acadêmica existentes, que incluem oportunidades para reflexão, reparação e medidas disciplinares, conforme apropriado. O objetivo da aplicação da lei não é a punição, mas a restauração da confiança e a manutenção de compromissos compartilhados.

7. Reflexão Teológica e Ética

Esta instituição incentiva o diálogo contínuo sobre as implicações teológicas, éticas e pastorais da inteligência artificial. Afirmamos que:

A tecnologia nunca deve substituir o trabalho de presença, oração ou discernimento comunitário.

A pessoa humana, feita para o relacionamento, não pode ser reduzida a resultados ou dados.

O chamado à verdade continua sendo central para a vocação de ensinar e aprender.

Glossário de termos-chave

Integridade Acadêmica
O compromisso com a honestidade, a confiança e a justiça no trabalho acadêmico. No contexto da IA, inclui diretrizes claras sobre quando e como as ferramentas de IA podem ser usadas ou citadas.

Algoritmo
Um conjunto de regras e procedimentos matemáticos que permitem a um computador processar dados, reconhecer padrões e tomar decisões. Ele constitui a base de como os sistemas de IA aprendem, se adaptam e resolvem problemas em diversas tarefas.

Inteligência Artificial (IA)
O amplo campo da ciência da computação focado no desenvolvimento de sistemas que podem executar tarefas que normalmente exigem inteligência humana, como reconhecer fala, interpretar linguagem, gerar texto ou tomar decisões com base em dados.

Conjunto de dados
Um conjunto de dados é uma coleção estruturada de informações usadas para análise, treinamento ou referência. Em IA, normalmente consiste em exemplos rotulados ou não — como texto, imagens ou números — organizados para ajudar modelos a aprender padrões, fazer previsões ou executar tarefas com base em dados reais ou simulados.

Incorporação

Um método de conversão de tokens em vetores numéricos, permitindo que a IA represente palavras ou conceitos em um espaço matemático com base em relacionamentos contextuais.

IA generativa

Sistemas de IA capazes de criar novos conteúdos — texto, imagens, música, código — com base em padrões aprendidos a partir de dados de treinamento.

Modelo de Linguagem Grande (LLM)

Um tipo de sistema de IA treinado em grandes quantidades de texto para prever e gerar linguagem. Exemplos incluem GPT-4, Claude e Gemini. Esses modelos simulam respostas semelhantes às humanas, mas não compreendem o conteúdo no sentido humano.

Aprendizado de máquina (ML)

Um subconjunto da IA em que os sistemas aprendem a partir de padrões em dados, em vez de serem programados explicitamente. O ML é a base da maioria das aplicações modernas de IA, incluindo modelos de linguagem e sistemas de recomendação.

Incitar

A entrada ou instrução que um usuário fornece a um modelo de IA para gerar uma resposta. Os prompts podem ser perguntas, comandos ou descrições.

Engenharia Rápida

A prática de elaborar entradas ou perguntas eficazes para orientar as respostas de um modelo de IA. Ao elaborar cuidadosamente os prompts, os usuários podem influenciar a qualidade dos resultados, garantindo relevância, clareza e precisão em tarefas como escrita, codificação, ensino ou pesquisa.

Aprendizado por Reforço a partir do Feedback Humano (RLHF)
Um método para refinar o comportamento da IA treinando-a com base no feedback de avaliadores humanos que classificam ou classificam suas respostas, com o objetivo de melhorar a utilidade e reduzir danos.

Formação Espiritual
O processo de crescimento em sabedoria, caráter e fé, frequentemente buscado por meio de práticas de estudo, oração, serviço e reflexão. Na educação teológica, a formação é tanto pessoal quanto comunitária.

Discernimento Tecnológico
A prática de avaliar criticamente os usos, riscos e implicações espirituais das ferramentas tecnológicas, especialmente em ambientes educacionais e pastorais.

Tokenização
O processo de dividir o texto em unidades (tokens), como palavras ou partes de subpalavras, que podem ser processadas por modelos de linguagem. Os tokens são então mapeados em valores numéricos para análise computacional.

Treinamento
O processo de ensinar um modelo a reconhecer padrões, expondo-o a grandes quantidades de dados. Por meio de análises repetidas, o modelo ajusta parâmetros internos para melhorar o desempenho em tarefas específicas, como compreensão de linguagem ou reconhecimento de imagens.

Arquitetura do Transformador

O design da rede neural é o cerne da maioria dos LLMs avançados. Ele utiliza mecanismos de atenção para processar e gerar linguagem, permitindo que os modelos considerem as relações entre todas as partes de uma frase ou passagem.

Vetor

A representação numérica de dados — como palavras, imagens ou sons — usada por modelos de IA para compreender relacionamentos e padrões. Vetores permitem o processamento matemático de informações complexas, possibilitando tarefas como comparação de similaridades, agrupamento e raciocínio semântico.